人的一生是有限的，而为祖国做贡献是无限的，只要生命不息，就得奋斗不止。

——马旭

爱比天空更辽阔

——马旭的故事

徐 鲁◎著

黑龙江教育出版社

图书在版编目（CIP）数据

爱比天空更辽阔 : 马旭的故事 / 徐鲁著. -- 哈尔滨 : 黑龙江教育出版社, 2022.8
ISBN 978-7-5709-3456-0

Ⅰ. ①爱… Ⅱ. ①徐… Ⅲ. ①马旭—先进事迹 Ⅳ. ①D263

中国版本图书馆CIP数据核字(2022)第161308号

爱比天空更辽阔——马旭的故事

徐　鲁　著

出版策划　张立新　侯　擘
出版统筹　魏哲伦
责任编辑　蔡笑梅　牛壮壮　张培培
特约编辑　刁小菊
封面设计　刘乙睿
责任校对　马丽娜

出版发行　黑龙江教育出版社
（哈尔滨市道里区群力第六大道1313号）
印　　刷　哈尔滨市石桥印务有限公司
开　　本　880毫米×1230毫米　1/32
印　　张　10
字　　数　150千
版　　次　2022年8月第1版
印　　次　2022年8月第1次印刷
书　　号　ISBN 978-7-5709-3456-0
定　　价　38.00元

如需订购图书，请与我社发行中心联系。联系电话：0451-82533097
如有印装质量问题，影响阅读，请与我公司联系调换。联系电话：0451-82342231
如发现盗版图书，请向我社举报。举报电话：0451-82533087

目　录

序章
天空从哪里开始

在中国的北方，冬天总是来得那么早，又总是那么漫长。

1947 年的冬天，比往年来得更早。奋战在东北战场上的解放军将士们，还没来得及感受一下金秋时节的北国风光，第一场大雪就纷纷扬扬地飘落下来。无声的大雪，像从天外飞来的一群群白蝴蝶，降落在被战争的硝烟熏染的土地上，一夜之间，每一棵树、每一片树林，都挂满了晶莹净白的雪花。

从西伯利亚荒原上吹来的冷风，一阵紧过一阵，吹过辽阔的北方大地。城市、村庄、田野、山冈、森林……瞬间都冻结在苍茫的风雪里。萧疏的林木和沉默的村庄，散布在灰暗的天幕下。寒风在空中不停地打着凛冽的呼哨，一阵阵旋起飞舞的雪花……

但这时候，我们的解放军战士们并没有觉得这突如其来的冬天有多么糟糕。战士自有战士的情怀，在连年的战斗生活与枪林弹雨之中，他们永远保持着一种昂扬向上的乐观主义精神状态。

“好大的雪，好一派壮丽的北国风光哟！”

看着这纷纷扬扬、铺天盖地降下的大雪，想着来年这肥沃的土地上就要撒下解放和光明的种子，解放军战士们情不自禁地一边行军，一边纷纷议论了起来：

“嘿，等着瞧吧，来年，这嘎达的庄稼可美啦！”

“肯定是好年景！东北人民有福享了！”

“主要是都要变成解放区了，‘五亩好地三头牛，老婆孩子热炕头’，日子多美，多滋润呀！”

“是呀是呀，东北的乡亲们早就盼着这一天啦！该死的国民党反动派，糟蹋了多少人的好日子！等着瞧吧……”

这样说着笑着，有的战士还觉得不太过瘾，就扛着钢枪，拉开架势，边走边扭，唱起了东北的“二人转”：

三下江南还有一大片哪，
夏季攻势剩下一条线哪，
秋季战役开始没几天哪，
这条线又切成好几段哪！

这边的战士正在边扭边唱，自得其乐，美得不行时，只见不远处卫生班的几名女战士，正站在一个小土坡上整齐地打着快板做宣传，为行军的队伍鼓劲：

哎，哎，打竹板，竹板快，
迎面走来我们的英雄排。
英雄排，真不赖，
打敌人就像吃螃蟹，
先吃爪子后揭盖。
扫清了外围一大片，
又望见蟹黄一大块。

放完枪，开完炮，

“运输大队”又送来！

……

也难怪我们的战士们个个斗志昂扬、情绪乐观。随着1947年第一场大雪的降落，东北战场虽然进入了第二个严峻的冬天，但战士们心里都明白，前面有的是打漂亮仗的日子！

这些日子里，首长们时常鼓励战士们说：“该乐就乐，想唱就唱吧！休息好了，咱们接着打。离东北的解放不会太远了，到时候咱们还要挥师南下，回关内去……”

是呀，早些时的战斗就不说了，仅仅在这一年多的时间里，解放军在东北战场上，就连续取得了新开岭之战、三下江南、四保临江等好几场大战的胜利。

特别是四保临江战役的胜利，迫使东北的国民党军队由战略进攻转入了战略防御，而解放军却由原本的战略防御转入了战略进攻，由此改变了整个东北战场的战略态势，也为东北战场最后的决战——辽沈战役，创造了有利的条件。

“哎哎，你们看，那个小个子的卫生员，还没一支小马枪高吧？”这时候，在行军队伍里，有个战士大声嚷嚷道。

“嗯，怕是只有十来岁吧？也跑出来干革命啦！”

“喂，你们说话小声点，不要让她们听到了，人家正在夸我们英雄排呢！”

有一个调皮的小战士竟忍不住喊道：“嗬，卫生班的女兵们，你们脚上好像安着风火轮嘛，跑得比我们还快呀！”

“你以为就你们跑得快吗？”女兵们马上回应道。

“你们卫生队不是总是跟在队伍后面，当‘收容队’的吗？”

“啥意思？你是怕自己掉了队，没人管吗？”

“掉队？开什么玩笑！打从参加革命那天起，咱就没尝过掉队的滋味！”

“瞧把你给能的！”女兵们笑着回应道，“没有掉队的，也没有伤病员，我们跑到前头，当一回‘鼓动队’，给你们加加油还不好吗？”

“好，你们真好！”

“你们女兵可真不简单哪！”

战士们听女兵们这么一说，赶紧转变了口风。

“还是你们‘英雄排’最不简单哟！加油啊，同志们……”女兵们一边笑着说，一边继续打着快板：

说加油，就加油，
战士们个个不落后。
风梳头，雪洗脸，
进军通辽迎新年。
日里走，夜里行，
不怕胡茬上结冰凌。
人家问我为什么？
解放咱东北老百姓！

那个被战士们说是“还没一支小马枪高”的小个子女兵，名叫马旭，1947 年刚满 14 岁，参军还不到一年呢！

这时候的马旭，的确是一个身材瘦小的小姑娘，身高也就 1.5 米多的样子，体重也不足 40 公斤，一套最小码的军服穿在她身上，也仍然显得松松垮垮，不太合身。幸好有一根皮带扎在腰间，看上去是一个英姿飒爽的小战士。

1947 年 5 月，14 岁的马旭和村里几个小伙伴一起去报名参军。

不过，部队首长一看，原来是年龄这么小的几个小姑娘，就摇摇头说："都是些'娃娃兵'嘛，参军嘛，可以，但暂时还不能去前方打仗。"

"首长，我们报名参军，就是为了去前方打仗的，不让我们去打仗，那可不行！"几个小姑娘一听这话，有点急了。

"你们还小嘛。先送去学习吧。"首长笑着吩咐说。

"什么？我都 14 岁了，还小啊？杨靖宇将军的抗联队伍里，不是还有十二三岁的小战士吗？比我们的年龄还小呢！"

"嗬，还给自己找到理由了！"

"再说啦，我从小跟着姥爷学过医、采过药，还给受伤的抗联战士换过药呢！"马旭生怕上不了战场，赶紧抢着告诉首长，"到了战场上，我也可以当救护员嘛。"

"想法倒是没错。不过，我们是正规的野战军，行军打仗，光有一股子革命的热情是不够的。"

"我们还有胆量啊！"

"光有胆量也不够，还得具备战场上需要的各种军事技能。”这位首长最后笑笑说，“你们就是跟我‘蘑菇’到天黑也没用，赶快打好背包，跟着教导员去吉林吧。”

“去吉林干啥？”

“上东北军事政治大学学习一阵子，等你们每个人都学到了一技之长，懂得战地救护是怎么回事了，我保证把你们都派到前方去。”

就这样，马旭和几个女兵一起，被送到了东北军事政治大学，学习了半年时间。

东北军事政治大学，是中国共产党在东北解放区创建的一所军政干部学校，其前身是创办于延安的抗日军事政治大学，简称“抗大”。1946 年 2 月，东北军事政治大学在吉林通化成立。当时，东北军事政治大学设有预科、本科和入伍生队 3 个“年级”。预科设有普通班和军事班，需要进修 4 个月，期满后升入本科；本科设有军事系和政治系，需要进修 8 个月至 1 年的时间；入伍生，就是像马旭这样刚刚参军来到部队的新战士。他们需要培训和进修 4 个月至 6 个月的时间，期满后，有的可升入预科继续学习，成绩突出、技能优良的学员，就可以分配工作，奔赴前线了。

马旭作为入伍生队的学员，在东北军事政治大学学习了 6 个月后，如愿以偿，背起背包奔赴前线，成为人民解放军的一名战地卫生员……

战争是残酷的，它关系着中国革命和中国人民未来的命运。

此刻，14 岁的小战士马旭，也许还无法想象，即将打响的辽沈战役，将是中国共产党领导的人民解放军彻底推翻蒋家王朝，与国民党反动派军队进行的最后大决战——史称辽沈、平津、淮海三大战役的开始。

在东北军事政治大学学习期间，为了尽快提高自己的文化水平，马旭养成了读书的好习惯。

在东北军事政治大学的阅览室里，有东北解放区出版的一些报刊和小说。

那个时候物资匮乏，生活条件极其艰苦，就连印刷的纸张也十分稀缺，常用的纸张是一种比较粗糙的马兰纸。

有一本用马兰纸印的儿童故事集，给马旭留下了深刻的印象，书中有一个故事，好像一粒种子一样，悄悄播在了她的心里。

故事讲的是一个小男孩儿锲而不舍地学习跳伞的经历。为了学习跳伞，小男孩儿经历了一次又一次的失败。他用床单做过降落伞，当然，他知道，这样是要挨骂的；他用枕套做过降落伞，不用说，他这样也是要挨骂的。他一次次地练习，膝盖上擦破了皮，带着一块块伤痕，连走路都有点瘸了……

但他一点也没有气馁，而是坚定地说："我还是要跳！"他擦了擦膝盖上的血，从地上捡起被泥水溅湿的伞衣，再一次朝着一个高高的屋顶走去……

望着这个百折不挠的小男孩的背影，讲故事的人在最后说道：

这时候，我似乎明白了，天空是从哪里开始的。它不是从屋脊上开始的，也不是从有云彩飘过的蓝色气流里开始的，而是从离地面很近的地方，从像肩膀那么高的高度开始的——是的，天空是从一颗勇敢的心开始的！至于是会伸向云层，还是伸向群星，那要看这颗心能把它带往哪里去了……

这个故事和这段话，马旭牢牢地记在了心上，从此以后再也没有忘记过。只不过，当时她并没有想到，这个故事和这段话，会对她未来的人生选择产生很大的影响。14年后，1961年，在她28岁的时候，成为新中国的第一批女空降兵之一。1962年秋天，她第一次正式登机跳伞，此后20多年间，她先后跳伞140多次，创造了三项中国之最——伞龄最长的女兵、跳伞次数最多的女兵、实施空降年龄最大的女兵。

当然，这些都是后话了。那么，讲述这位中国女空降兵传奇般的人生故事，我们该从哪里讲起呢？

亲爱的读者朋友们，请跟我来，我们就从她的童年讲起吧。

第一章
呜咽的白杨木河

我的家在东北松花江上，

那里有森林煤矿，

还有那满山遍野的大豆高粱。

我的家在东北松花江上，

那里有我的同胞，

还有那衰老的爹娘。

九一八，九一八，

从那个悲惨的时候！

九一八，九一八，

从那个悲惨的时候，

脱离了我的家乡，

抛弃那无尽的宝藏。

流浪！流浪！

整日价在关内流浪！

哪年，哪月，

才能够回到我那可爱的故乡？

哪年，哪月，

才能够收回我那无尽的宝藏？！

爹娘啊，爹娘啊，

什么时候，才能欢聚在一堂？！

每一个中国人，无论身处何地，谁没有听过这首悲伤的歌曲《松花江上》？这首由张寒晖作词、作曲的爱国歌曲，它记录着中华民族的一段屈辱的历史，倾吐着中国人民热爱祖国、怀恋故土亲情的家国情怀，也时刻在唤醒一代代中华儿女勿忘国耻、同仇敌忾，为了实现中华民族伟大复兴而团结一心、奋斗不止的使命与责任。

1931 年 9 月 18 日夜晚，一直在觊觎我东北三省的日本侵略者，经过秘密策划，炸毁了沈阳柳条湖附近南满铁路的一段路轨，反诬陷中国军队破坏铁路。南满铁路原本是沙俄修建，后来为日本人所占。日本关东军以铁路被炸为借口，炮轰了沈阳北大营，这就是震惊中外的“九一八事变”。

第二天，早有准备的日军迅速侵占了沈阳，接着又陆续侵占了东北三省。1932 年 2 月，东北全境沦陷。此后，日本在中国东北建立了伪满洲国傀儡政权，开始了对东北人民长达十几年的奴役和殖民统治。

1933 年 3 月，马旭出生。她出生的那个县名叫木兰，木兰县境内有一条河，是松花江的支流之一，旧称木兰达河。“木兰达”，有人说是蒙古语的发音，就是江河、江源的意思；因为黑龙江是女真族的发祥地，女真族就是现今满族的前身，所以，也有人认为，“木兰达”就是满语里的围场或哨鹿的意思。木兰达河中游那一带，历史上的确曾被称为“花鹿碱场”。可见，木兰县这个名字，跟围场和哨鹿是有关系的。

木兰县境内还有另一条小河，叫白杨木河。白杨木河流经的建国乡建国村李国宝屯，就是马旭出生的小屯子。从这个小屯子出发，沿着白杨木河向南走上四五公里的路程，就到了木兰县城。

每年春天，白杨木河岸边会开满丰美的牛蒡花和蓝色的马兰花。中午时分的河滩上，有闪着耀眼金光的温暖沙砾。小河的上游有转动不停的大风车和水磨坊。偶尔还能看见一些勤劳能干的女人，在那里淘洗要磨的豆子和麦子，或是在那里浆洗被单和衣裳。有的年轻人，也会在更上的上游，等待自己的意中人。

白杨木河就像母亲的乳汁，滋养着两岸万物的生命。小马旭也是喝着清清的白杨木河水长大的。

从幼小的时候起，小马旭就跟着妈妈，去河边捶洗衣裳。傍晚的时候或是大清早，青石板组成的河埠上，此起彼伏地响起一阵阵捶衣声。白杨木河是全村人的母亲河，河水里流淌着一辈辈人的艰难和愁苦，河水也见证着全村人的欢乐和悲伤。

每当夜色降临、星星升起的时候，村口便会响起许多声悠长而亲切的呼唤，那是老祖母、母亲呼唤孩子们回家添衣裳、吃晚饭的声音。这时候，家家户户屋顶上升起的炊烟，也会召唤在田地里劳作的人们，沿着弯弯曲曲的村路，借着星星稀薄的光亮，走回灯火如豆的小村里。即将成熟的高粱和苞米，还有鼓溜溜的大豆荚，在小路两边发出沙沙的神秘的声响。倘若是在冬天的雪夜，有人风雪夜归，远远的村庄深处，总会传出一阵阵村狗的叫声。要知道，在这小小的巴掌大的村子里，一家的归客，也就是全村的归客，不论是哪一家的忧乐，也总是牵动着全村人的心。

日本人侵占东北后，无数个家庭家破人亡、妻离子散。就像《松花江上》那首歌里所悲叹的一样，许多东北人忍痛离开了自己的乡土和年老的爹娘，抛弃了家乡的田野和矿藏，纷纷逃亡到了关内，整日价在关内流浪、流浪，过着背井离乡、俯仰由人的生活。

伪满洲国建立之后，日本侵略者对东北三省施行了残暴的殖民化统治，东北人民被迫过着屈辱的日子。这时候，无论是在松花江畔，还是在木兰达河、白杨木河两岸，乡亲们的光景，一天更比一天困苦和艰难！

马旭很小的时候就没了爸爸，是坚强的妈妈，靠着说唱大鼓书的技艺，勉强养活幼小的马旭和她的弟弟。

那时候，马旭的家是环堵萧然，饥寒交迫！没有东西吃，家里经常揭不开锅。到了数九寒冬，东北到处是冰天雪地，漫长的寒冬，伴随着饥饿，那日子是多么难挨！每年秋收过后，等到别人家地里的庄稼都收拾完了，妈妈会带着马旭和弟弟，去田里捡拾一些没有收割干净的玉米、大豆、花生、土豆和倭瓜秧子等作物。幸运的时候偶尔还能发现一两处田鼠的洞，田鼠的洞里会有一个“小粮仓”，里面有点大豆、花生、玉米、高粱米之类的谷物。能找到这样的“小粮仓”，对马旭和弟弟来说就是意外的收获了。

有一年，家里养的两只母鸡，因为平时也没有什么食物喂养，所以很少下蛋。但是在小马旭生日那天，马旭的妈妈居然找到了一个鸡蛋，妈妈特意为马旭煮了这个鸡蛋过生日。

马旭和弟弟记不清有多久没有吃到鸡蛋了。她把这枚煮熟的鸡蛋捧在手里，闻了又闻，从早晨放到了晚上，还是舍不得吃。最后，妈妈把鸡蛋剥开，切成了四瓣，马旭两瓣，妈妈和弟弟各一瓣，全家人一起分享了这枚珍贵的煮鸡蛋。

一直到了老年，马旭还时常念叨，那两小瓣鸡蛋，是她这辈子品尝过的最美的味道。

幸亏马旭还有一位懂得中医的姥爷。姥爷有时也能靠着给人家看看病，或者去山上采挖回来一些草药卖掉，换回一点生活费，接济一下这孤儿寡母的一家人。

说起马旭的姥爷，真是有点儿传奇般的经历呢！他是晚清宫廷里的一名“御医”。可能是因为他医术高明，常年在宫中为皇室家族服务，深得朝廷赏识，曾被颁赐过“顶戴花翎”，这是一个“名誉”上的官职。也可能正是因为拥有了这么一顶“顶戴花翎”，这位御医在宫里不知不觉地有点儿“飘”了。有一次，竟然在宫里和同僚吵起了架，还动了武，把对方给伤得不轻。

因为一时冲动，闯了这么大的祸，这位御医在宫里待不下去了，于是，“三十六计，走为上计”，他带上妻女，跑到了关外。御医大概在心里想到了“山高皇帝远”这句老话，所以，从此就在木兰达河畔、鸡冠山下居住了下来，靠着中医的手艺，养活着一家老小。

除了有一手养家的医术，这位御医在宫里多年，还养成了听大鼓书的爱好。没有想到，木兰达河两岸的民间，也有说大鼓书的艺人。这些鼓书班子，大都是五六个人或七八个人组成，靠走街串巷说书为生。到了一个村子，就会在一些生活和住处稍微宽余一点的人家暂住几天，白天休息，晚上为大家说书。东北的冬天夜晚漫长，说书人的鼓板一响，可以从傍晚一直说到三更时分。

不用说，当过御医的姥爷，癖好难改，有时也会请鼓书班子来家里住上几天，好让自己美美地听上几天鼓书“过过瘾”。所以，时间一长，马旭的妈妈竟然也学会了说大鼓书。

这样一来，马旭家不仅有中医这门“家传手艺”，还因为姥爷喜欢听大鼓书，她的妈妈又成了鼓书艺人。

本来，木兰这块地方也是出产粮食的黑土地，哪怕是再贫困的人家，只要能够勤扒苦做，每年总能从田地里收获回来几斗糊口的小米、苞米、高粱米什么的。可是，日本人来了，老百姓连勉强可以糊口的小米、苞米和高粱米都吃不上了。

饥饿的阴影，笼罩着家家户户，也时刻伴随着马旭一家人。小马旭从能记事的时候起，就尝够了饥肠辘辘的滋味。

有时候，家里实在揭不开锅了，妈妈只能磨一点橡子面，掺和着糠麸、苞米碴子和野菜，做成菜团子给孩子们充饥。

“娘，橡子面菜团子太难下咽了，我咽不下去。”

“旭啊，咽不下去也得使劲咽哪！”妈妈满脸愁容，无奈地哄着饿得哇哇大哭的弟弟，安慰女儿说，“正是长身体的时候，可不能饿出病来呀！你看你已经长得像根豆芽菜了，娘看着都心疼啊！”

“娘，什么时候，咱家能吃上顿大米和白面哪？”

“再熬一阵吧，你姥爷说了，等他把秋天挖回来的这一茬草药卖了，就换一袋白面回来，给你和弟弟蒸馒头吃。”

“唉，今年这个冬天怎么这么长啊？老天还叫不叫人活下去了！”小马旭望着满脸愁苦的妈妈，喃喃地说道，“娘，春天怎么还不来呀！等春天来了，槐花开了，我就去多摘一些槐花回来，用苞米面蒸槐花吃，也比这糠麸野菜团子强多了。”

“是呀，等春天来了，老榆树发芽了，还会长出不少榆钱儿了。”妈妈苦笑了一下，说，“到时候，娘就用榆钱儿和上白面，烙饼子给你和弟弟吃。”

除了饥饿的滋味，更让小马旭感到刻骨铭心般难受的，是在日本侵略者的铁蹄和刺刀下过着屈辱的日子。

离村子不远的小镇上，有一所小学。每次，小马旭跟着到镇子上说书的妈妈出村和回村时，都要路过那儿。

“娘，快看，小学生们又在出操了。”小马旭指着学校的小操场说。

伪满洲国时期，东北三省所有的小学和中学，每天早晨出操时，全校师生要在操场上集合立正，看着升起的日本太阳旗。

这时候，小马旭远远地看到，小操场上的气氛十分压抑，小学生们个个都低垂着头。

如果碰到有日本宪兵来参加升旗仪式，全体师生还必须抬起头，对着太阳旗行“注目礼”。

这样的一幕幕，让站在小操场上的每一个中国少年、也让远远地站在路边观望的小马旭，深深体会到了屈辱的滋味。

唉！在侵略者的蹂躏下，活得是多么屈辱和痛苦啊！不许流泪，更不许有愤怒的表情，中国人的尊严，哪里去了？我们的祖国呀，什么时候才能强大起来，让我们的同胞、我们的孩子，都能够堂堂正正地抬起头来呢！

也就是从那一刻起，小小年纪的马旭，内心里烙下了刻骨铭心的伤痕，也深深地体会到在日本侵略者的刺刀下，中国人所忍受的痛苦、屈辱和不幸！同时，在这个小姑娘的心中，有了一个强烈的愿望：等将来有一天，自己也能上学念书了，一定要好好地多学一些本领，然后全部贡献给自己的国家，好让祖国早日变得强大起来，不再受外国强盗的压迫和欺负！

当然，那个时候，小马旭和村里的许多小伙伴一样，年龄都还小，他们并不知道，自从日本侵略者的铁蹄踏进他们家乡的那一天起，中国共产党领导东北人民的抗日斗争，就在松花江两岸，在辽阔的白山黑水之间，像奔突在地下的烈火一样，熊熊不熄地燃烧着……

就在小马旭出生的那一年，1933 年 1 月 26 日，中共中央发出了“中央给满洲各级党部及全体党员的信——论满洲的状况和我们党的任务”，信中指出，东北的抗日游击战争是群众性的斗争，其中党领导的游击队“是一切游击队伍中最先进最革命最大战斗力的队伍”。它有可能把千百万群众团结在自己的周围，与日本帝国主义及其走狗进行斗争。正是在中国共产党的领导下，木兰县及其相邻的东兴县,先后组织起了抗日武装力量和反日的统一战线。1936 年，由东北抗日英雄赵尚志率领的一支抗日义勇军队伍，从白山黑水间悄悄转战到了木兰一带。

“赵尚志”这三个字，在东北的老百姓中间如雷贯耳，也让侵华的日军闻之丧胆。“小小的‘满洲国’，大大的赵尚志。”这是当时日本侵略者发出的无可奈何又带着钦佩意味的感叹。

当时，在东北的老百姓口中，也流传着“南杨北赵”的说法。“南杨”指的是抗日将领杨靖宇将军，“北赵”就是指与杨靖宇齐名的另一位抗日将领赵尚志。

赵尚志的队伍来到木兰后，极大地鼓舞了木兰县民众团结抗日救亡的斗志，木兰人民抗日的烈火，越烧越旺！

一天，小马旭的姥爷卖草药回来，面带喜色地小声告诉马旭的妈妈说：“你们猜，俺今天在外面碰见谁了？”

“爹，外面兵荒马乱的，您可得多加小心哪！”马旭的妈妈赶紧叮嘱说。

“不怕，不怕！”姥爷说，“俺也没有想到，竟然碰到赵尚志的人啦！三个年轻人，都是做山货买卖的装扮，还从俺手上买走了不少草药呢。”

“赵尚志的队伍,可都是为咱东北老百姓撑腰出气的，是自己的队伍！”马旭妈妈惊喜地说道，“不过，眼下，日本人三天两头归屯并户的，到处都是他们的耳目，可得当心呀！”

“姥爷,既然是自己人,那您没有多给他们一些草药？”小马旭好奇地问道。

“还用你这小丫头说，给了，给了！姥爷本想分文不要的，把草药全送给他们，可人家不干，硬是把草药钱塞给了姥爷。”

“姥爷，什么时候，我也能见到赵尚志的人啊？”小马旭忽闪着明亮的大眼睛，又问姥爷。

“你？唔，等着吧，等你跟姥爷学会了煎药、配药、包扎什么的，兴许能给姥爷当个小帮手呢！”姥爷望着瘦小的小马旭，目光里充满疼爱和期待。

第二章
高高的鸡冠山

木兰县是一个山区县，境内的山地连绵不断。最有名的一座山，叫蒙古山，也称蒙古尔王山，是茫茫无际的小兴安岭的余脉。

据说在北宋的时候，居住在北方的女真人首领完颜阿骨打，打败了辽国，建立了金国之后，木兰这片山地归属金国上京会宁府（即今天的阿城）管辖。后来，蒙古人又起兵打败了女真人，灭了金国，木兰境内又成了成吉思汗的幼弟铁木哥斡赤斤的封地。蒙古山，就是因为蒙古尔王曾在这里安营扎寨而得名。

除了蒙古山，木兰县境内还有鸡冠山、骆驼山、东五顶山、青峰岭、元宝山等大大小小的 50 多座山。群山逶迤，山高林密，形成无数道深深的皱褶，宛如天然的屏障。所以，木兰县自古也是兵家必争之地。

离小马旭家最近的一座山，就是高高的鸡冠山。在鸡冠山的峡谷里和山的四周，流淌着白杨木河、木兰达河、少陵河等 20 多条大大小小的河流，还有常年不涸的 200 多个山泉眼。

有水源的地方，草木就会茂密；草木茂密的地方，就有山参、蘑菇、野山楂、野山枣生长；各类山野动物因此有了丰富的食物来源和藏身之所。当然，也给在这里安营扎寨的历代兵家提供了必要的生存条件。所以，当日本侵略者占领了木兰后，山高林密的鸡冠山，也成为中国共产党领导的抗日游击队的宿营地。

赵尚志率领的抗日义勇军队伍转战到木兰后，也选择了鸡冠山作为他们的秘密营地，并且在这里扩大了队伍，筑起了营房、马厩和观察哨、战壕、火力点等作战工事，使鸡冠山成为东北抗日联军后期的重要军事营地。

鸡冠山由大鸡冠砬子、小鸡冠砬子、片砬子和转山子四座主要山组成。跟别处的山明显不同的是，鸡冠山不是东北常见的那种山峦蜿蜒起伏的地势，而是有着一道道如刀削斧劈一般嶙峋而险峻的山脊，这样的山脊，当地人称作“砬子”。鸡冠山陡峭的峡谷和石径中，流淌着一条条清澈的、波光粼粼的小溪，一些叫不出名字的小鱼儿，游荡在清浅的鹅卵石之间……

小马旭八岁了。逢上晴朗和煦的好天气，姥爷上鸡冠山挖草药的时候,也会带上小马旭一起去。鸡冠山林木葱茏、药材遍地，还有各种野果、野花和小动物，就像是一所“没有围墙的学堂”，培养了小马旭这个淳朴的小姑娘的性灵，也增长了她的见识和胆魄。

姥爷是一位有经验的“进山人”。进山人敬畏大山、爱护大山，对山上的一草一木和所有的小生灵，都会尽力保护，绝不会任意践踏。所以，“进山人”平时还有不少“规矩”和“禁忌”。

姥爷每次带小马旭进山，都会把这些“禁忌”讲给她听。比如，入山挖山参的人，再累的时候也不能坐在树墩上。

“姥爷，为什么不能坐在树墩上呢？”小马旭好奇地问道。

“哦，你看，山上有这么多的石头和砬子，还不够人坐着歇息的吗？这些树墩子啊，传说中是专门留给‘山神爷’坐的。”

“姥爷，‘山神爷’是大山上的神仙吗？”

“神仙？哦，也算是吧。”姥爷意味深长地笑着说道。

慢慢地，小马旭总算弄明白了，姥爷口中的“山神爷”，就是老虎。进山人忌说“虎”字，都把老虎称作“山神爷”。

还有，挖参的时候，挖药材的时候，也忌说“多少”“挖不着”这样的字眼儿。姥爷说，鸡冠山是先人们留给后世子孙的“聚宝盆”，只要心有诚意，腿脚勤快，鸡冠山就不会让自己的子孙“挖不着”什么的，更不会让自己的子孙穷死、苦死的。

姥爷是一位懂得医道的老郎中，认识鸡冠山上的各种药材。

“越是稀罕的药材，越是长在最高的山崖上啊！”姥爷说，“那是给穷苦的百姓救命的药材，可不能轻易挖采呢！”所以，姥爷带着小马旭经常挖采的药材，都是一些常见的草药，比如半夏、远志、车前草、苍耳、甘松、地黄、白头翁、白茅根、黄芪什么的。

还有一种学名叫“瓜蒌”的药材，木兰的小孩儿们都叫它“臭瓜根”，长长的根须下面结着一些像小小的土豆一样的根块，洗净了，切成片，晒干后也是一味有用的药材。

有时候，姥爷还会带上一个挖开了洞口的空心葫芦，还有一把用竹篾做成的竹镊子。这是要去干什么呢？哦，原来是去抓蝎子。蝎子会蜇人，有毒，但蝎子也是一种有用的药材。

挖采回来的各种药材，还有抓回来的活蝎子，姥爷会小心翼翼地把它们晒干，有的还要用剪子剪成一段一段、一片一片的，放进一个个草药罐子里，以备急用。

姥爷晒草药的时候，小马旭是最好的小帮手。

姥爷把各种草药从药材篓子里一样一样地取出来，每一样草药都分拣得清清楚楚，然后摆在门口或屋顶上的晒箩里晾干、晒干。

“姥爷，野山楂、野山枣也是药材吗？”姥爷采回来野山楂、野山枣等野果，会让小马旭吃一点，尝尝是酸还是甜。

“嗯，野山枣很甜，难怪野山枣树上总是落满了山雀。”

“是呀，野山楂、野山枣、金樱子，还有松子、橡子这些小野果，都是山雀、刺猬和小獾们的口粮哪！”姥爷一边说着，一边轻轻摆开那些绿色的草药和红红的山楂果说，“这些野山楂啊，晒干了，也是一味不能少的药材呢。”

姥爷的那个陈年的药材柜子上面，有好多好多的小抽屉，每个小抽屉里都装着晒干的和切好、磨好的草药。

慢慢的，小马旭就能准确地认出和叫出许多草药的名称来了，比如，蒲公英、仙鹤草、紫花地丁、杜衡、白芙、桔梗、小飞蓬、柴胡……

姥爷对待每一棵草药都是那么细心，有时会仔细地咬一咬，尝一尝它们的味道，然后一棵、一棵、又一棵地把它们摆好，生怕碰掉它们身上的茸毛。

“姥爷，等我长大了，您也教我当郎中好不？”

“还用等到长大吗？小旭呀，你现在不是已经在跟着姥爷学着挖药材、认识它们的药性了吗？你要记着啊，越是宝贵的药材，越不容易长成，更不能随便挖采啊！那都是这鸡冠山留给子孙后代救命的东西，可不能把它们挖断了根。”

姥爷说的话，小马旭都牢牢地记在了心里——从幼年，一直记到了老年。

小马旭没有辜负姥爷的教导和期望。当她长大后，果然成了一名治病救人的“郎中”——在部队时，她是救死扶伤的卫生员；离开部队后，她依然不停地在钻研中医和中草药的学问，并且把自己所学到的中医药本领，毫无保留地献给了国家和社会……当然，这些也是后话啦。

小马旭跟着姥爷学采药可上心了，三天两头央求着姥爷，带着她往鸡冠山上跑。马旭的妈妈有时会提醒姥爷说：“爹，像这样三天两头往山上跑，小旭可要变成野孩子了，以后会不会连学堂都不想进了？”

姥爷叹了口气，不急不慢地说：“山里的孩子，野一点也没什么不好。再说了，日本人办的学堂，不进也罢，孩子就是进去了，也抬不起头来。”

“说的倒也是，可一个小姑娘家，终究得识一些字，别变成‘睁眼瞎’才好。”

“放心吧，老天爷饿不死瞎家雀。孩子还小嘛！再说了，鸡冠山上的山雀、松鼠等小动物们，也不会教小旭干坏事的，耽误不了孩子长大成人。”姥爷的话，说得多么朴实在理呀！

是的，小马旭是在鸡冠山的山风、雨雾、野花、野果和阳光的爱抚里，在山雀的叫声和山羊、狍子的呼唤声中，大胆地、自由地成长着的。姥爷是一位富有智慧的老人，姥爷明白，家乡的大山是不会亏待自己的每一个子孙的。

有时候，特别是在一些长长的冬夜里，小马旭总是喜欢和弟弟一起，缠着姥爷给他们讲故事。姥爷的脑子里好像有一个神奇的“故事篓子”，里面的故事多得是，讲也讲不完。

有一天夜晚，窗外是白雪茫茫的一片，隐隐地可以听见，从高高的鸡冠山那边又传来了一阵阵低沉的松涛声。

这时候，小马旭突然想起了藏在心里很久的一个疑问，就问姥爷：“姥爷，听村里的老人讲，您亲眼看见过真的‘山神爷’，哦，不是那个老虎‘山神爷’，是真的吗？”

姥爷也听见了那一阵阵呼啸的松涛声。姥爷吧嗒着旱烟锅儿，给小马旭和她的弟弟讲述了传说中的“山神爷”的故事。

那时姥爷也像小马旭这么大，只有八九岁的时候。那年春天，木兰这一带闹起了春荒，他跟着村里的几个大人，起大早去外乡“逃荒”。五更天里，大雾漫山遍野，道路、山冈、村子，都被大雾遮住了，什么也看不见。

走着走着，他们这一行人迷了路，摸不清方向了，眼前只有雾蒙蒙的一团。这时候，在他们的前面好像有一个忽隐忽现的白色影子，正在引着他们，不声不响、一心一意地向前走着。不知不觉汗水浸透了每个人的衣衫。

不知道走了多少个时辰，大雾终于消散了，东方露出了微光。此时，他们分明还听见了远处传来了几声响亮的鸡鸣。

等到大雾散尽，四下一看，他们顿时惊呆了！

原来他们这一行人又回到了家乡高高的鸡冠山上！那几声鸡鸣，就是从山下的村子里传来的。

这时，有位上了年纪的白胡子老人说："这是'山神爷'在给咱们引路呢！"

听老人这么一说，大家这才想到赶紧去寻找那个引路的。可是，怎么也找不到了——当然找不到啦！于是，这一群穷苦的老少爷们，跪倒在太阳初照的鸡冠山上，个个泪流满面。"好心的'山神爷'呀，感谢你把俺们带回了家乡。"

讲到这里，姥爷擦了擦眼里的老泪。

"姥爷，那现在还会有'山神爷'吗？要是我们在外面走失了，好心的'山神爷'还会把我们送回来吗？"

漆黑的夜色里，小马旭忽闪着明亮的大眼睛，问姥爷。

"有啊，怎么会没有？"姥爷磕了磕烟儿锅说，"只要高高的鸡冠山还立在那里，'山神爷'也就会永远住在鸡冠山上，也会永远活在乡亲们的心里！"

姥爷的这番话，小马旭和她的弟弟虽然还不太明白，却深深地留在了他们的记忆里。

许多年后，当马旭长大了，才渐渐懂得，只要还有人能像姥爷一样，对自己的家乡，对家乡的大山爱得那么真切、那么执着，家乡的山林就会长青不老。一代又一代大山子孙们的敬畏和热爱，不断地传递下去、沉积起来、汇集起来，也就成了人们心中的那个亦真亦幻的“山神爷”。这时候，马旭也明白了，当姥爷一个人走进深山、攀上高高的山崖采药的时候，那个好心的“山神爷”，就会悄悄地伴随在姥爷身边，给姥爷送上智慧和力量，也送给姥爷更多的勇气和胆魄……

第三章
抗联叔叔们的营地

日本侵略者在东北建立了伪满洲国，东北各地的老百姓每天都在承受着沉重的灾难，过着屈辱的日子。仅仅在木兰县，日本人就设立了 11 个伪警察署，还有 50 多个分驻所，分散在木兰县各地。为了压制人民的反抗情绪，搜捕隐藏在民间的抗日力量，狠毒的侵略者还施行了残酷的统治手段，在县内各乡大搞归屯并户，制造了很多“无人区”。

但是，就是在这样异常残酷和艰难的日子里，我们的人民也并没有向侵略者屈服，而是在中国共产党地下党组织的领导下，同仇敌忾，奋起反抗，战斗的火焰从来没有熄灭过。

马旭曾听姥爷讲过东兴县何氏两兄弟一起抗日的故事。

有一天，这兄弟俩在木兰达河边放羊时，遇上了赵尚志带领的队伍，要过河去打日伪军。不巧的是，这天河水上涨得厉害，唯一的一座桥，被河水淹没了。

怎么办？两兄弟听说这是去打日伪军的队伍，就顾不得羊群了，连忙跑回家，取来锯子和斧头，帮着队伍砍来树木，绑成几只木筏子。当天，兄弟俩又趁着夜色，一趟趟地撑着木筏，把这支游击队的战士们送过了木兰达河。

没过多久，这何家兄弟俩也参加了抗联队伍，跟随赵尚志到大青山一带打游击，成了英勇善战的抗联战士。在当年木兰县的爱国青年当中，没有谁不知道这兄弟俩的大名的。

那些年，赵尚志、李兆麟、冯仲云、许亨植等一些抗联将领和抗日英雄，经常以鸡冠山根据地为中心，机动灵活、瞬息万变，转战在蒙古山、东五顶山、青峰岭等山地游击区，与日本侵略者斗智斗勇，进行了一次又一次殊死的战斗，狠狠打击了日本侵略者的嚣张气焰，有力地鼓舞了木兰人民的抗日斗志和爱国救亡的信心。

在这些大大小小的战斗中，打得最漂亮的几场战斗有蒙古山突围战、巴彦之战等。

在鸡冠山的半腰间，有一块突出的石头砬子，看上去就像一只猫头鹰。有一次，姥爷带着小马旭进山，指着石头砬子告诉马旭，每当晌午过后，日光斜照在石砬子上形成的阴影，正像是猫头鹰的两只眼睛。

“前两年，赵尚志带着队伍在这里宿营的时候，这块大石头下面，还架过一口煮饭的行军锅呢！”

姥爷说得没错，鸡冠山上的不少地方，都有抗联战士们英勇作战时筑起的工事。

“有一年，有一支抗联部队就在那片山脊上，跟日本强盗打了三天三夜。”

“姥爷，是你偷偷地上山给他们送药品，差点儿跌下山崖那一次吗？”马旭问道。

“哦，就是那一次，咱们的队伍也有不小的伤亡，有个战士一只胳膊受了伤，还是姥爷亲手给他包扎的呢！”

“姥爷，要是……要是我也能见到抗联的叔叔们，我能不能告诉叔叔说，姥爷送来的那些草药里，也有我的一份辛劳啊！”

“哦，怎么不能？当然能啦！”姥爷呵呵笑着说，“抗联的叔叔们要是知道了，那些草药是你这个小姑娘帮姥爷挖来的，说不定有多欢喜呢！”

“为什么呢？”

“为什么？说明他们在鸡冠山上点起的火种，越烧越旺了嘛！连这么小的小姑娘都知道起来抗日了，还担心老百姓不起来、不齐心嘛！”

听姥爷这么一说，小马旭就更想亲眼见一见那些勇敢的抗联叔叔们了。

抗联战士们在鸡冠山上建立了设施比较完整的秘密营地，但山区的生存条件异常艰苦。漫长的冬季里，鸡冠山总是白雪皑皑，寒风吹来，像刀片一样刮在战士们的脸上。有时候，战士们的口粮断了，就不得不靠剥树皮、挖草根、寻找野果，甚至捡一些橡子烧熟了充饥。到了夏季，山中闷热潮湿，疟疾肆虐，还有毒蛇、蝎子、蜈蚣、蚊虫……也趁机作乱，威胁着战士们的健康和生命。

可是，就是在这么恶劣和艰苦的环境下，抗联战士们意志坚强，信念坚定，巧妙地与日本侵略者展开周旋，乃至殊死的搏斗！

“姥爷，抗联叔叔们这样做是为了什么呢？”有时候，小马旭在外面听到了乡亲们在偷偷地谈论抗联勇士们的故事，回到家里，也会这样问姥爷。

“为了什么？还不是为了乡亲们能过上好日子，让你们这些小孩子，以后都能抬起头来，堂堂正正地做一个中国人！”

妈妈经常在外面给人说书，也间接知道不少抗联故事。赵尚志这位抗日英雄的名字，小马旭最早就是从妈妈那里听到的。每次妈妈给马旭讲完赵尚志的故事，总嘱咐说：“旭啊，你要记着呀，做一个中国人，就应该有赵尚志这样的骨气！这才是一个堂堂的大英雄啊！”

“娘，我记着呢，你放心吧！”小马旭说，“常听大人们说到花木兰、杨门女将、岳飞和岳云这些大英雄，他们都是有骨气的中国人！”

“嗯，娘要让你明白的，就是这个道理。只要有这样的骨气，咱们中国人走到哪里都不会矮人三分！日本强盗算什么东西！总有一天，共产党领导的抗联队伍会把他们赶出东北的！”

妈妈的话说得很是解气。在小马旭心中，妈妈作为一个说书人，身上也带着花木兰的那种骨气和豪情。

“那后来呢？赵尚志怎么又带着队伍转到鸡冠山这边来了？”无论什么事，小马旭总喜欢“打破砂锅璺（问）到底”。

“后来的事，你姥爷比我知道得多，你去问姥爷吧，你姥爷可是亲眼见过赵尚志本人的！”

“没错。”姥爷告诉小马旭，他不但见过赵尚志，还知道赵尚志许多故事。姥爷说，1936年，赵尚志被任命为东北抗日联军第三军军长，当时属下已经有七个师，全军约六千人了！

这个时期，赵尚志带着抗联队伍，除了经常在鸡冠山中宿营，他们战斗的足迹，也遍及松花江两岸的二十多个县境内。“赵尚志”三个字，一时间竟然成了日本侵略者的一个噩梦。日本侵略者到处通缉赵尚志，甚至叫嚣：“一钱骨头一钱金，一两肉得一两银。”

但是，赵尚志是东北人民的儿子，是乡亲们心目中的大英雄。他和抗联战士们出入在木兰山区的密林中，就像鱼儿游在大海里、雄鹰飞翔在山谷间，日本强盗们能奈他何！

战斗锻炼和教育着抗联战士们，英勇的战士们也赢得了一场场胜利。在战斗间隙，他们凭借鸡冠山险峻的地理地貌，天当被、地当床，石头砬子作营盘，在山上开挖了一道道战壕和交通壕，筑起了一座座堡垒和火力点，以及弹药库、马厩、简易伙房等军事与生活设施。

姥爷告诉小马旭说：“不论是赵尚志，还是他领导的抗联勇士们，个个都把自己的脑袋别在裤腰带上，随时准备跟日本人拼命。不过，他们也都明白，要把日本强盗赶出我们东北，也不是三个月两个月和一年半载的事！你看，他们在山上想得多周到，连口粮和过冬的菜窖都挖好了，这是打算像过日子一样，长期跟日本人干下去呀，直到把日本人赶回他们老家去！”

赵尚志和抗联队伍的故事，还有对抗联叔叔们在鸡冠山中的宿营地的记忆，深深留在小马旭的童年记忆里，即使到了老年时，她还能清晰地回忆起，姥爷带她进山时见过的情景。

第四章
挡不住的春天

又一个北国之春到来了……

一队队鸿雁在高空中鸣叫着，从江南飞回了北方家乡。和煦的春风从小兴安岭上吹来，吹过乌苏里江、松花江、木兰达河、白杨木河，吹绿了两岸的每一寸土地。被侵略者的铁蹄践踏的山河大地，在屈辱和隐忍中默默地焕发着生机，用一片片葱茏、一道道春水和一朵朵野花，安慰着在苦难中挣扎和奋斗的人们。

春天也总是能给劳苦的人们带来温暖和希望。春天虽然谁也不能阻挡，但她似乎不是骑着烈马奔下山冈，而是赤着双脚涉过河流和小溪，就像一个微笑着走向田野、井台和池塘边的姑娘。

她让小鸟又唱起动听的歌；让每一条冰河从冬日的梦中苏醒，重新发出叮咚叮咚的声响；她使万物复苏、杨柳轻扬，让小草在和煦的春光里轻轻歌唱；她把一片片新绿，托付给每一棵老树，让森林永不失去生机，让群山永远有松涛浩荡……

每年的四月天里，妈妈都会经常带着马旭和弟弟，去山坡上、田野里挖一些野菜回来，掺和着棒子面什么的，或蒸或炒，充当一家人的口粮，勉强度过一年的春荒。

生活在北方乡村的孩子，有谁不是吃着四季的野菜长大的呢？清苦的野菜，滋养了他们贫瘠的童年；嫩绿的野菜，生长在他们记忆的田野上。这是大地母亲默默的惠赠，也是艰难岁月里生命延续的依存。

挖野菜是马旭小时候最难忘的记忆之一。春天来了，马齿苋发芽了，路边、荒地、山坡上，都能找到长得又肥又嫩的马齿苋。在木兰一带，乡亲们把马齿苋也叫作“蚂蚱菜”。马齿苋的茎是紫红色的，肥肥的，嫩嫩的，它的叶子是圆形的，看上去也是厚厚的，嫩嫩的，挖起一株马齿苋来拿在手上，觉得沉甸甸的。马齿苋洗净了，用开水烫一下，切碎，可以凉拌着吃，也可以洗净晾干，放到冬天，再泡开，剁碎，炒着吃，就是马旭家再好不过的美味了。

姥爷曾告诉过马旭，马齿苋是一味中药材。所以，人们常把马齿苋切碎用来喂养画眉鸟，因为画眉鸟总是不停地唱歌，容易上火，吃了马齿苋就可以清火了。

除了马齿苋，小马旭在春天里挖的最多的野菜是灰灰菜。灰灰菜是北方田地里最普通的一种野菜，总是成片成片地生长在荒坡和耕地里，乡亲们还戏称它是“贱菜”，因为它们无论在什么贫瘠的地方，都很容易成活和生长。

灰灰菜的叶子有点奇特，顶端的嫩叶总是粉红色的，而叶子背面有一层灰绿色的粉霜。早春时节是灰灰菜最嫩的时候。马旭每次和弟弟挎着篮子出去挖野菜，总能挖回好多灰灰菜。

妈妈告诉马旭，灰灰菜生得皮实，嫩苗总是长得旺，花穗和嫩苗都可以当菜吃。不过灰灰菜吃多了，小马旭总觉得灰灰菜有一点儿碱的味道。妈妈见小马旭嚼着灰灰菜难以下咽的样子，心疼地说，要是有苞米面就好了，灰灰菜里撒点苞米面上锅一蒸，再蘸点蒜汁，就好吃多了。

马旭家屋后的小院子里，有姥爷栽下的一棵香椿树，树干已经长到小碗口那么粗了，不用说，全家人都很爱护这棵香椿树。姥爷说："屋后一棵椿，年年椿芽新。"每年从清明到立夏前这段日子，香椿芽儿可以多次采摘，而且越采摘，它长得越丰盈。香椿树把自己的幼芽和嫩叶奉献给了艰辛的人家，所以，马旭和姥爷、妈妈，还有村里的乡亲们，都对香椿树怀着感恩的心。

每年能帮村里人度过几天春荒的日子的，还有一种"榆钱儿"。榆钱儿不是长在地里的野菜，而是榆树的嫩果儿。初春时节，老榆树的叶子还没有长出来，花却先开了，一簇簇地开在老榆树的叶片下，不久便结出带有圆翅的果实。榆树果儿在圆翅的当中，看上去好像古时候的铜钱，所以乡亲们就把它叫作"榆钱儿"。用榆钱儿蒸的橡子面窝头，虽然有点苦涩，但那是小马旭和弟弟难得吃到的干粮。

榆钱儿寿命很短，成熟后一个月左右就不会再发芽了，成熟的榆钱儿也不好吃了。不过，到了夏天和秋天，小马旭有时候也和弟弟拣来一些成熟的榆钱儿，串成金色的"榆钱儿项链”戴着玩儿。

除了榆钱儿，老榆树的皮也可以剥下来，晒干，磨成榆皮面粉。妈妈会把榆皮面和棒子面、豆面什么的混合在一起，做成窝窝头，给马旭和弟弟吃。唉！饥饿中的孩子，只要是能充饥的东西，吃起来都觉得很香。所以遇到春荒的年月，村里人没有哪家没吃过榆钱儿或榆树皮面的。

“穷人的孩子早当家”。马旭10岁的时候，已经会帮姥爷、妈妈干好多农活儿和家务活儿了，挖野菜、拾草、砍柴、放鹅，还有担水浇菜地等，样样都能做得来了。

当然，姥爷教她做的最多的是上山采草药，还有学着给病人把脉、换药什么的。邻居和村里的乡亲们，有时会笑着叫她“小郎中”。在姥爷和妈妈的眼里，小马旭不但比她的弟弟脑瓜子灵，手脚也更勤快和利索，所以，姥爷也很想把自己的中医医术，手把手地传给小马旭。

1943年春日里的一天，马旭刚刚挖野菜回来，姥爷就把她拉到一边，小声说道：“旭啊，你不是老早就想见一见抗联的叔叔吗？今天再跟姥爷进一次鸡冠山好不好？”

马旭喜出望外，乐得一蹦三尺高，说：“姥爷，这次真的能见到抗联叔叔们吗？”

“嘘——”姥爷示意她压低声音，叮嘱说，“先不要跟你娘说，免得她担惊受怕，就说是要去采一点儿急用的新鲜草药。”

“我明白的，姥爷，您放心吧！”马旭眨了眨眼说，“不过，娘也是担心姥爷呀，听说从去年秋天开始，青峰岭那边就老是出事。”

“这个你是怎么知道的？小姑娘家，在外面可不能随意打听事呀！”

“这是俺娘在外面听人说的，所以就更加担心姥爷了。”

“放宽心吧。豺狼有豺狼的道，狐狸有狐狸的道。方圆百里，谁不知道你姥爷是个穿山越岭、治病救人的郎中。来，你帮姥爷把这个皮葫芦背上，可不能洒出来。”

“姥爷，里面装的是什么？是洋油吗？”

“不是洋油，是烧酒。”姥爷小声说，“山上急着用的。”

“洋油”就是煤油。马旭知道，姥爷有时候会偷偷地给山上的人带点儿洋油去。

姥爷自己挑了不少草药，还有一口袋炒面，系成一个褡裢的样子，背在自己身上。趁着午后的时辰，祖孙俩像平时出诊给人瞧病一样，沿着一条人烟稀少的羊肠小道，悄悄上了鸡冠山。

马旭的妈妈在外面听说的“青峰岭那边出了大事”，确实说得没错。原来，1942 年秋天，抗联第三路军的总参谋长许亨植来木兰这边了解和布置抗日斗争，不料在返回密营途经青峰岭时，被庆城县的伪警察队给包围了。在激烈的突围战斗中，许亨植壮烈牺牲，年仅 33 岁。

烈士的鲜血不能白流，一定要让敌人加倍偿还！

不久后，抗联部队瞅准机会，突袭了敌人设在大贵镇的伪警察署。仅仅一个月过后，又一鼓作气，猛烈攻打了庆城县大罗镇，缴获了不少枪支弹药，解救了被日军拘押的人民群众，还烧毁了大贵镇上的一家害人不浅的大烟馆！

两场战斗下来，抗联战士们狠狠地打击了敌人的嚣张气焰，为许亨植等牺牲的战友报仇雪恨。

为了报复抗联战士们的抗日活动，敌人纠集伪警察组成“特搜队”四处抓人，仅仅一个月的时间，敌人就在巴东、木兰、东兴等县境内搜捕抗日爱国人士和农民武装成员 500 多人，一时间，白色恐怖笼罩在白杨木河两岸，仿佛让这个刚刚到来的春天，又遭遇了一场凛冽、肃杀的“倒春寒”。

马旭的妈妈之所以对姥爷百般担心，就是因为这些日子不时地会听到，邻村又有谁被抓走的消息。

但是，再严酷的“倒春寒”，也冻不死鸡冠山上的白桦树和马尾松，哪怕是山上的芭茅草，也照样会迎着“倒春寒”，焕发出自己的勃勃生机。

这不，姥爷丝毫没有被敌人四处抓人的恶行吓倒，依旧带着小马旭悄悄上了鸡冠山。

第五章
将来会怎样

这一次跟着姥爷上鸡冠山，马旭真的是亲眼见到了一直想见一见的抗联叔叔们。

不过，有好几个叔叔在战斗中受了伤，有的头上缠着绷带，有的腿上有枪伤。姥爷带来的草药，就是为了给这些抗联伤员治伤的。

马旭背上山的那只皮葫芦，里面装的烧酒，不是要给抗联叔叔们喝的，而是为了给伤员的伤口消毒用的。

有一位受伤的战士小杨，看上去只有十六七岁的样子。他的小腿肚上中了一枪子，为了避免伤口恶化，在姥爷和马旭上山的前几天，一位分队长让小杨咬紧牙关，硬是用刀给他把子弹取了出来。多么坚强的抗联战士呀！

马旭一边用烧酒给小杨擦着快要化脓的伤口，一边轻轻地问道：“很疼吧？你要忍着点啊，消了毒，敷上药，伤口就会好得快一些！”

姥爷挨个儿给其他伤员查看了伤势，仔细地为他们换上了带来的草药。

“大爷，真得好好感谢您老人家啊！”分队长说，“您老送来的都是救命药啊！”

“一家人不说两家话！”姥爷说，“现在山下风声挺紧，你们早点养好伤，也好早点转移，万一他们要来搜山……”

“放心吧，大爷，鸡冠山到处都是我们布下的‘迷魂阵’，豺狼再凶残，世上自有打豺狼的好猎手。”

“那就好，那就好！”姥爷说，“乡亲们在山下可担心你们啦！”

“我们还要感谢你这个好孙女啊！听说您每次送来的草药，有的是小姑娘挖来的呢！小小年纪，就在为革命做贡献了。”

马旭听了，心里觉得美滋滋的。

马旭看见，有一位叔叔换好了药，就靠着白桦树坐下，从衣袋里抽出一本书看了起来。

马旭给小杨换好了药，又小心翼翼地扎好了绷带，就和比自己大不了几岁的小杨拉起了“家常”。

“小杨哥，你们抗联的人都这样用功吗？”马旭看着那位看书的叔叔，问小杨。

“那可不！我们抗联是共产党领导的队伍，不用功学习，咋能进步？”小杨的口气，听上去真不含糊。

“啧，怎么不见你用功？”马旭故意撇撇嘴说。

“嘿嘿，我在老家是个放牛娃，一天到晚放牛、打柴，没有进过学堂，识的字少呗！”

“一个字都不认得吗？”

“哪能啊！参加了队伍，一边行军打仗，一边学习文化，也认得了不少字。”小杨生怕自己被这个小姑娘“小瞧”了，赶紧笑了笑，用手比画着说，“这么跟你说吧，像这样斗大的字，也能认上它几箩筐啦！”

“嘻嘻，那总比一个字也不认识强，反正不是‘睁眼瞎’

了。”

“听你的口气，你认得不少字啰？你进了几年学堂了？”小杨问道。

“还进了几年呢！几天都还没有进过呢！”马旭噘着小嘴说，“姥爷说，日本人开办的学堂，不去也罢。”

姥爷说的确是实情。伪满洲国建立后，日军在东北实行的是奴化教育，甚至规定，在所有日满学校里，不允许讲汉语，学生们得用日语说话。所以，东北的老百姓都恨透了日本侵略者。

“大爷说的是呀！只要东北这片土地上还有日本人横行霸道，乡亲们就只能忍气吞声，过着屈辱的日子敢怒而不敢言。”小杨就像一位小先生一样，又转身对小马旭说，“不过，学堂里有的先生，还是有良心的中国人嘛！所以，学堂还是要上的。日本人不让你们学汉字，你们就偷偷地学呗！学会识字，有了文化，将来总归用得上的。”

“将来？将来是怎样一回事呀？”马旭第一次从一位抗联小战士口中，听到这么新鲜的名词。

“将来啊，那可不是一两句话能说完的。”小杨看到马旭这么好奇的样子，就拍了拍一直抱在手上的那支小马枪，给马旭描述道，“将来，我们把日本侵略者统统赶出中国的土地，把所有欺压和剥削老百姓的资本家、地主老财，还有土匪、恶霸什么的都打倒了，所有的劳苦百姓都能抬起头来，扬眉吐气地过日子了，人和人都平等了，不会再受他人的压迫和剥削了！还有啊，我们还要建设自己的新中国，天上飞着我们自己造的飞机，地上跑着我们自己造的汽车。对了，到了将来，连我们东北的大田里，也会跑着我们自己造的拖拉机……”

“拖拉机是什么东西？”

“就是耕地、割麦子用的机器，力气可大啦！还有呀，渔民们在松花江、木兰达河里打鱼，也会用上机器船撒网。对了，要是你想从东北到关外去，也不用自己走路了。”

“那要骑马去吗？”

“骑马去？那得累坏多少马呀！不是骑马，是坐上四个轮子的小汽车，嘀嘀一声，不出几个白天，就到山海关啦！”

“真的吗？那不是像风一样快吗？”马旭简直被小杨描述的将来的样子给迷住了，忽闪着黑亮的眼睛，用钦慕的口吻问道，“小杨哥，你还说自己没进过几天学堂呢，怎么知道得这样多？”

“我是没进过学堂，可我是个革命的抗联战士呀！自从加入了咱们队伍的第一天,我们首长就告诉我们说……”

“你们首长是谁呀？”

“嘿，你这个小姑娘，怎么老是喜欢打岔？我们首长是……嗯，跟你说你也不知道的，反正就是我们首长。”

“嘿嘿，我知道的，你们首长就是赵尚志，姥爷说，他是个大英雄。”

“哦，你还知道赵尚志赵司令？不简单哩！”

“我娘，还有村里的乡亲们，都知道赵尚志的大名。”

“好，好，不愧是抗联根据地的老百姓！对了，我刚才讲到哪里了？都叫你打岔给打断了。”

“嘻嘻，小杨哥，你讲到了首长，讲到了我们的队伍。”

“对，对。首长经常鼓励我们说，毛主席、共产党领导的革命队伍，就是一所最好的‘大学堂’，在这里不单单要学习怎样打仗，还要学习政治课，学习文化知识，提高自己的阶级觉悟和文化水平。”

“小杨哥，你们的队伍怎么这么好哇！”

“那还用说！我们是革命的队伍，为穷苦老百姓打天下的，还能含糊！”听了马旭的话，小杨“顺杆上树”，说话的语气和神态更加神气起来，让小马旭羡慕得不行。

“小杨哥，我……我也能加入你们的队伍吗？”马旭突然说出了一个又大胆又迫切的想法。

“你……”小杨用怀疑的眼光上下打量了一下小马旭，然后摇了摇头说，“恐怕不行啊！”

“咋不行啊？我可以给你们换药、扎绷带，还可以给你们烧火、做饭、洗衣裳呀！”

“你会换药、扎绷带这倒不假，烧火做饭我们有炊事班，洗衣裳、补衣裳，我们革命战士人人都会自己动手，不用别人给自己洗衣裳，知道吗？”

“这么说，会换药、扎绷带就可以了？”马旭好像还有点不太相信，又问道，“可我是个女的呀，你们能要？”

“女的不是问题，我们队伍里也有不少女兵，我们革命的队伍讲究的是男女平等。”小杨说，“不过，就是……就是……现在你还太小了。你看，还没有我的这支小马枪高吧？现在你应该进学堂去念书识字，为将来做准备！”

“为将来做准备……”

小马旭喃喃自语着，在心里回味着小杨的话。她没有想到，能从这个抗联小战士口中听到这样一番话，不论是姥爷还是妈妈，都从来没有跟她说过这样的话。也许，在他们心中，压根儿就没有想到过，这些孩子，还会有什么“将来”。

也正是听了小杨的这一番话后，在后来的几年里，姥爷和妈妈也都同意，把马旭和她的弟弟都送进了小学，开始念书识字了。

当时在木兰的小学，全是日本人创办的，小学生一入学，就被迫学习日文，老师们不准使用汉语教学。课程上除了一般的知识课，还有刺刀训练、木棍对拼等“军国主义”教育的课程。

马旭长大后，曾经这样回忆说：“进了日本人办的小学，他们只教日文，不准学生们说汉语，一旦发现谁在学校里说汉语，哪怕是喊自己的‘爹娘’，也会被赶出教室，轻则下跪，重则挨打。日子就是这样充满屈辱和悲惨！所以，从那时候起我就深深地懂得了一个道理：没有国就没有家！”

除了抗联战士小杨关于“将来会怎样”那一番话，让马旭牢牢记在了心里，直到老年还时常回忆起来。在 1943

年春天的鸡冠山中，还有一个亲眼所见的场景，也让马旭终生难忘。

那天，在抗联叔叔们的营地里，小马旭亲眼看见，战士们用一口大锅煮着一锅清水野菜，然后每人只发了一个棒子面掺和着野菜做的窝窝头，作为口粮。

姥爷带去的一小口袋炒面，叔叔们谁都舍不得吃，说是要留着以后再打了胜仗和慰劳重伤号时再发给大家。

分队长拿来两个窝窝头，让姥爷和马旭也垫垫饥。

姥爷抹抹眼睛，难过地说："日本强盗和'黑狗子们'（伪保安团）到处抓人杀人，乡亲们不敢往山里送粮食了。孩子们哪，你们的日子过得太苦了！这样下去，怎么行啊！"

分队长说："放心吧，大爷，抗联战士们个个都是铁打的汉子，暂时的困难，吓不倒我们的。"

小杨一边大口吃着窝窝头，喝着清水煮的野菜汤，还一边笑着问小马旭："怎么样，我们的窝窝头，比你们家的好吃吧？"

马旭只咬了一小口，就把自己的那个塞给了小杨，说："一点也不好吃，小杨哥，你的饭量大，你吃了吧。"

"嘿，还嫌弃上我们的窝窝头了。"小杨故意说道，"你娘做的比这个好吃？”

“当然啦，我家吃的比你们好。”

“怎么个好法？”

“我娘还会做米粉蒸槐花、米粉蒸榆钱儿，过年时还有白面馒头和饺子吃。”

“哦，这就对啦！我们在山区抗日、打游击，是为了什么？不就是为了让老百姓比我们吃得好，比我们穿得暖，让你们这些小孩子，过年过节时能吃上白面馒头和饺子嘛！”

小杨的这些话，就像刻在白桦树上的刀痕一样，深深刻进了马旭的记忆里。从此，她对共产党领导的革命队伍，有了一个最朴素的认识：他们在山上风餐露宿、流血牺牲干革命，“就是为了让老百姓比我们吃得好，比我们穿得暖”，也为了“让小孩子过年过节时能吃上白面馒头和饺子”！

在这个春天之后，马旭跟着姥爷又多次上山，给抗联叔叔们送过草药、粮食和煤油。可是，她再也没有见到过那个比她大不了几岁的小战士小杨。

“小杨哥，你去了哪里呀？你是跟着分队长转到别处作战去了？还是……”

在后来很长一段日子里，马旭每次想起这位小杨哥，特别是想到小杨哥也许年纪轻轻的就牺牲了，心里就会像刀扎一般疼得难受！

当然，那个时候，马旭也并不知道，就在1942年的春天，抗日联军的将领赵尚志不幸被捕，但他宁死不屈，壮烈牺牲。丧尽天良的敌人，竟然割下了赵尚志的头颅，空运至长春，和在南满战斗中壮烈牺牲的另一位抗日英雄杨靖宇将军的首级摆放在一起“示众”。赵尚志的身躯，也被日本侵略者惨无人道地扔进了松花江的冰窟里。

直到2004年，赵尚志烈士的头颅骨，才在长春护国般若寺里被发现。2008年10月25日，人们怀着敬仰和悲痛的心情，把赵尚志烈士的颅骨安葬在了烈士的家乡辽宁省朝阳市的“赵尚志烈士陵园”里。为了表彰赵尚志的抗日功绩，让后人永远缅怀这位抗日英雄，黑龙江省珠河县改名为“尚志县”；哈尔滨的一条街道被命名为“尚志大街”；烈士的出生地也被命名为“尚志乡”。

第六章
少年的热血

先烈们的热血，浇灌了木兰达河两岸怒放的鲜花。

今天，当木兰人回忆起当年漫长的抗战岁月，也从来没有忘记，在那天低云暗的日子里，还有许多木兰少年的热血，也洒在了木兰达河和白杨木河两岸，洒在了鸡冠山中和骆驼峰下，洒在了他们世代热爱的家乡的大地上……

这一代少年，正是马旭的同龄人。

1940 年，日本帝国主义为了加强对中国学生的奴化教育，在木兰县城东岗设立了一所“木兰国民高等学校”（简称“木兰国高”）。“木兰国高”里有一些满怀爱国思想的青年教师，他们在日本帝国主义和伪警察署的监视和高压之下，冒着极大的危险，在学生中悄悄传播着爱国救亡的进步思想，鼓舞着少年们的反抗意识。

有一次，一个少年仅仅说了一句“日语不必这么卖力去学，几年后就用不着了”，就被告密了。校长吉川是个日本人，便拿这个少年“杀鸡儆猴”，把他打得死去活来，而且一整天不准他吃饭，也不准他喝水。

这件事很快就在木兰传开了，很多学生和家长听说了，个个义愤填膺。马旭和她弟弟也听说了这件事，马旭握着拳头对弟弟说：“这样欺负中国学生，把人不当人，将来一定要把他们赶出东北，让他们滚回自己的老家去！”

还有一位学生，家在相邻的宾县，也在“木兰国高”上学。有一天，他乘渡船去学校途中，刚走下码头，伪警就张牙舞爪地用日语吼道：“手上拿的是什么？”

当时，很多学生都恨透了日本宪兵和伪警们，尤其是这些伪警，本是汉奸奴才，却仗势欺人，见了中国人也不说中国话，只说日语。这位学生满脸鄙视地看了伪警一眼，说道：“你说的什么驴语？我听不懂。”

伪警知道这句话里带着讥讽，顿时恼羞成怒，竟仗着自己块头大，上前扇了学生两巴掌。这个学生少年气盛，也不甘示弱，奋起反抗，立刻扑上前去跟这个伪警厮打了起来……

眼看这位学生要吃大亏了，同船来的一些进步学生，还有平时受够了日本人和伪警们的窝囊气的乡亲，都一起围了上来，手脚并用，朝着那个伪警一顿拳打脚踢！

“你们想造反吗？”其他伪警纷纷赶来，横着长枪诈唬着。

“他欺负一个上学的孩子，算什么本事？还有点中国人的良心没有！”乡亲们个个朝着伪警们投去愤怒的目光。

伪警怕学生和乡亲们闹起大事来，收不了场，只好骂骂咧咧地、灰溜溜地退去了。

“这号人，连中国人的半分骨气都没有了，哪还有良心哪！呸！”

少年们和乡亲们一起，朝着伪警扔去了鄙夷的话语。

在黑暗的年代和压抑的日子里，能给马旭心中带来一抹亮色和希望的，除了姥爷经常带回来的抗联叔叔们的消息及村里不时传开的一些爱国人士、爱国少年的斗争故事外，还有就是妈妈的坚强、乐观与豁达。

妈妈会说大鼓书，也许正是她在鼓书里经常说到的花木兰替父从军、杨家将舍身保国、岳飞精忠报国等历史人物深明大义、不畏强敌、保家卫国的故事，不但支撑着马旭在苦难中成长，也在潜移默化地影响着马旭的思想。

听妈妈说大鼓书，就像照耀在小马旭黯淡、清冷和寂寞的童年里的一道光亮。妈妈打着鼓板，一边比画、一边唱出的那些唱词，有不少已经深深地印在小马旭的记忆里，哪怕到了老年她也没有忘记，依然还能随口唱出。比如杨家将故事里一段唱词：

大郎替了宋王死，
二郎替了八王赵德芳，
三郎马踩如泥，
四郎八郎流落在番邦……

还有岳飞的故事，有一段叫作“朱仙镇交战”。妈妈说这段鼓书的时候，一边打着鼓板，不时地穿插着不同人物角色的道白：

“啊呀呀，岳云哪，要当心背后，快使动银锤吧！”

“呔！小将岳云来也！”

说时迟、那时快，但只见岳云银锤摆动，严成方金锤使开， 何元庆铁锤飞舞，狄雷双锤并举，一起一落，金光闪闪，寒气逼人！

好一个八锤大闹朱仙镇！顷刻间，杀得那金兵尸如山积，血若川流，不一会儿工夫，就看见金兀术落下马来，落荒而逃，抱头鼠窜……

穷人的孩子志不穷。这些爱国英雄忠贞报国的故事，像春雨润物无声一样，不知不觉地感染着马旭这个懂事的小姑娘，在她幼小的心灵里埋下了爱憎分明、嫉恶如仇的种子，也激发了她从军报国的梦想。

马旭知道，妈妈也有谨小慎微、担惊受怕的时候。她怕姥爷在外面出事，也怕少不更事的马旭和弟弟在外面听到那些反满抗日的故事，因而会说出什么莽撞的话，惹来什么祸殃。但是马旭也深知，妈妈是一个有骨气的“烈女子”，恨透了日本强盗和各路汉奸。妈妈内心里是绝不甘心让马旭和弟弟一直过屈辱的日子的，所以，也乐意让马旭多听听《花木兰从军》《天门阵》《朱仙镇交战》这样的鼓书故事。

马旭从妈妈说的鼓书故事里，知道了像杨文广、罗成、薛刚、狄青、岳云、呼延庆……这样一些勇猛小将和热血少年的故事。有时候，马旭跟弟弟一起“接龙”讲起这些古代小将的故事，滔滔不绝，如数家珍一般。当然，有时候也不免会张冠李戴，讲着讲着，就把小将呼延庆的故事安到了小将岳云身上，把宋朝人抗辽的故事和抗金的故事混成了一团。

马旭12岁的时候，从妈妈说的大鼓书里知道了祖逖“闻鸡起舞”的故事。

祖逖是中国古代晋朝时期的一位爱国将军。祖逖少年时就有远大的志向，有一天，他对小伙伴刘琨发誓说，一旦有外敌入侵，不用等到朝廷召唤，他愿立刻奔赴边关，保家卫国。

正因为有了这种枕戈待旦的心理准备，所以祖逖常常在半夜时分，只要一听到荒村鸡鸣的声音，就赶紧叫醒好伙伴刘琨，一起练剑习武，强身健体，随时准备报效国家。

祖逖的青少年时代正是在国家动荡不安的环境中度过的。面对国破家亡、山河破碎的现实，从小就有强烈的爱国心和担当勇气的祖逖，给自己立下了誓言，决心“以光复中原为己任”，宁愿战死疆场，也要为国解难，干出一番大事业。

年轻的祖逖召集自己的少年伙伴和亲族乡友，组成了一支激昂慷慨的队伍，横渡长江，发出铮铮誓言：“我，祖逖，今生如果不能扫清中原之敌，就如这大江东去，永不回流！”

祖逖的这个举动，也为后世留下了一个壮怀激烈、气贯长虹的成语典故：中流击楫。

经过多年艰苦卓绝的征战，祖逖为朝廷陆续收复了黄河以南的领土。

祖逖用少年热血写下的“闻鸡起舞”的典故，还有他“中流击楫”的壮志豪情和爱国事迹，被后人编成了各种戏文、鼓书、唱词，一代代地传颂着。

妈妈在鼓书里说到的祖逖的故事，也是让童年和少年时代的马旭铭刻在心的故事之一。这样的故事，为她日后走上革命和奋斗的道路，起到了奠基和励志的作用。

直到晚年，马旭每次应邀去学校跟孩子们见面、给孩子们讲故事的时候，总是不忘要讲一讲祖逖“闻鸡起舞”“中流击楫”的故事。她希望能用这样的爱国故事，为一代代新人扣好人生的“第一粒扣子”，打好成长的“精神底子”。

第七章
家乡解放了

战争教育了人民，人民赢得了战争。正是有了中国共产党领导全中国人民奋起抗争，有了赵尚志、杨靖宇、许亨植这样一些舍生忘死的抗日英雄，有了无数中华儿女前仆后继的流血牺牲，经过了持久的抗战和浴血奋斗，中国人民终于迎来抗日战争的伟大胜利。

1945 年 8 月 15 日，日本侵略者宣告无条件投降的消息，通过无线电波瞬间传遍了全国各地。一夜之间，中国大地上一片欢腾，到处都是打着火把欢庆胜利的游行队伍，人们或是奔走相告，或是相拥而泣。

没过几天，苏联红军从通河开进木兰县内，在最短的时间内，肃清了木兰县的一部分日伪残余力量。

1946 年 1 月，党中央派出东北民主联军三五九旅七一七团等部，协同巴彦人民自卫军，仅仅用了两天时间，就完成了对木兰县城西、北、东三面的包围。

1 月 24 日午夜时分，木兰县城西、城北升起了一颗又一颗闪亮的照明弹，就像一串串火龙，划破了冬日的夜空。接着，嘹亮的冲锋号响个不停，枪声、炮声、呐喊声，还有大部队踏过大地的脚步声，震耳欲聋，回响在黑夜的大地上。

经过三个小时的激烈战斗，部队像开闸的大潮一样涌向县城。困守在县城里的敌匪见大势已去，纷纷丢盔卸甲，狼狈地向东逃窜而去。

在东方刚刚露出了鱼肚白，太阳即将升起在鸡冠山上的时候，木兰县全境宣告解放了！

1 月 25 日一大早，整个木兰县沸腾了！

全县的工人、农民、商人、学生和居民们，都张灯结彩，欢庆家乡的解放。马旭和同学们也由老师们带领着，兴奋地挥舞着彩色的旗子，沿着白杨木河岸，奔走在一个又一个村庄，向乡亲们报告着胜利的喜讯：“天亮了！解放了！胜利了！”

随着胜利的脚步，又一个春天，早早地来到了木兰达河沿岸的大地上。冰河开封了，土地解冻了，群山苏醒了……

1946 年 2 月，在中共哈北地委领导下，中共木兰县民运工作委员会（即县委）宣告成立。紧接着，和土地、群山一起苏醒、获得解放的木兰乡亲们，一边全力支援中国共产党领导的人民军队在东北战场上与国民党军队的决战及剿灭反动土匪武装势力的斗争，一边开始土地改革运动。

这年冬天，木兰县各区、村、屯，在党组织的领导下，相继组建了农民协会（简称农会），由农会组织和领导农民展开了轰轰烈烈、热热闹闹的“土改”工作。

斗地主、分田地、分发胜利果实……被各种黑暗势力长期欺压、剥削了的人们，终于当家作主翻了身，家家户户拥有了自己的土地和房子，从此过上了扬眉吐气、不再受地主老财盘剥和压迫的日子。

这一年，马旭家也分得了好几块土地。马旭的姥爷和妈妈从农会主席手上接过政府颁发的、盖着红彤彤大印的土地证书，高兴得禁不住流下了热泪。

“旭啊，你和弟弟好好看看，好好看看，这是共产党、毛主席给咱家送来的土地呀！”妈妈一边把土地证书展开给孩子们看，一边叮嘱说，“往后啊，咱们全家人都要永远听毛主席话，跟共产党走！”

春光越来越暖，多么明亮、多么喜人的春天哪！

在这个春天里，马旭再去白杨木河边挖野菜的时候，好像突然有了一种过去从没有过的感觉。

她坐在河边的一块大石头上，望着潺潺不息奔向远方的河水，望着在鸡冠山那边的天空上不停地盘旋着的一只老鹰，这个已经13岁的少女，内心隐隐涌起一种向往、一种力量。她在想象着，什么时候，自己也能像老鹰一样展开翅膀，像潺潺的河水奔流向前一样，飞到鸡冠山的山外去瞧一瞧，奔流到白杨木河的尽头去看一看，那样远的远方，会是什么样的景象呢？

当她坐在河边这样向往和畅想着的时候，美丽的春天也像一位兜着花草种子的少女一样，正含笑走过远处辽阔的田野、河边和山冈，一切都随着姑娘的到来而明亮起来、朗润起来。

春姑娘一边沿路抛撒着花草的种子，一边殷切地唤醒沉睡的万物，尤其不忘那些极其弱小而容易被忽略的、却又是那么善良而美好的生命。她站在林木正在悄悄返青的山野上，不停地吹着朴素而嘹亮的叶笛，呼唤着所有山村的孩子到山冈来，到河边来，到田野和树林里来。她要吸引放牧的孩子们，把山羊、牛和驴子，都放到已经解冻的流水淙淙的岸边，让它们也美美地享受到早春的自由与欢腾的温情。春天来了，山羊、牛和驴子们的毛皮上，也洒满了温暖的乳汁般的阳光。然后，好心的春姑娘，又化作殷勤的布谷鸟，飞遍每一处远山、每一片森林，呼唤所有的乡亲，无论是年老的还是年轻的，打开自家篱院的门，纷纷扛起犁头、镢头等农具，走到苏醒的田野上，趁着这大好春光，幸福地耕耘肥沃的土地……这土地现在已经回到我们自己手上了，怎能不尽心尽力地耕耘它呢！

在欢庆家乡解放的日子里，不少以前隐蔽在各个村庄、屯子里的秘密交通站、接头地点，也都真相大白，成为乡亲们交口称赞、口口相传的木兰革命佳话。有的人物和故事，还被当地政府和民主联军的宣传员们，编写成了鼓书唱词和快板书，在乡亲们中间传颂和演唱。在马旭的妈妈说的大鼓书里，也多了不少这样的“新故事”。因此，马旭和她的少年伙伴们，在这个时期也听到了不少流传在乡亲们口中的革命故事，这些活生生的而又带有传奇色彩的人物和故事，也成为马旭这一代木兰少年永远的“红色记忆”。

直到晚年，马旭还清晰地记得少女时代在家乡听过的诸如“画匠石万和智救抗联战士”“爱国青年赵万金为抗联送情报”“刘木匠斧劈日寇”“田玉富和傻子庙交通站”“小皮匠接头‘皮货商’”……这样一些生动鲜活的“红色故事”。

像这样的故事，在木兰县的抗日战争时期、解放战争时期，数不胜数。

耳濡目染，这样的故事听得多了，像一颗颗红色的种子一样，播撒在马旭的心田里。而在欢庆家乡解放的日子里，在乡亲们欢天喜地地支前拥军，盼望着全东北都得到解放、全中国的百姓都能过上好日子的气氛中，红色的种子在少女的心中悄悄萌芽了……

于是，就有了我们在前面的序章里写到的那一幕：1947 年 5 月，14 岁的马旭和村里几个小伙伴一起，毅然报名参军，成为光荣的解放军女战士。

许多年后，老年的马旭依然清晰地记得自己当年参军入伍时的每一个细节。

那天，马旭和小伙伴们报完名，县里负责征兵的干部来到了村子里。乡农会主任和几位邻居笑着劝马旭的妈妈说：“你家小旭，不是老早就想当个‘花木兰’吗？现在正是时候呀！”

妈妈打心眼里舍不得让马旭离开自己，就试探着问县里来的人：“我家小旭，跟着姥爷学了些中医的手艺，留在乡里给乡亲们看个病什么的，也是她从小的心愿。不如让她弟弟跟着咱们队伍走，好不好？”

“大嫂，你家儿子年纪太小啦！没准晚上还会尿床吧？”农会主任笑着说。

“现在，咱们队伍上，特别需要女卫生员，大嫂啊，你家小旭懂得一点医术，从小就跟着姥爷出诊，老有护理经验啦，现在不正是参军报国的好时候吗？”

“是呀，一人当兵，全家光荣！大嫂，你说大鼓书的时候，可是没少宣扬杨门女将和花木兰这些女中豪杰的报国故事呀！”

就这样，马旭的妈妈经过再三考虑，同意把马旭交给人民解放军的队伍。妈妈的这个深明大义的选择，也成为马旭一生重大的转折点。

马旭还记得，在临行的前一天，妈妈把她的旧衣服都找出来洗了，也晾干了，晚上在昏暗的油灯下补了又补，缝了又缝，真像那首古诗里所描述的：“临行密密缝，意恐迟迟归。”

马旭躺在被窝里，一半是出于对明天的憧憬，一半是因为依依不舍，一晚上都没有睡着。她看到妈妈一边为她缝补着衣裳，一边不住地掉眼泪。马旭好想起身，依偎到妈妈胸前，给妈妈轻轻擦去面颊上的泪花。可她又不敢惊扰了妈妈。哪个儿女不是妈妈身上掉下来的肉？她担心万一妈妈忍受不了分离的痛苦，突然改变了主意，不让她走了……

一直等到天明了，鸡刚叫了头遍，窗纸才微微有些发亮，妈妈就起身了，到院子里看了看天象，喃喃地说了句：“是个大晴天，老天作美呀！”然后，又点上灶火，给马旭煮了两个平时一家人都舍不得吃的鸡蛋。这两个鸡蛋，马旭最后只带走了一个，剩下的那一个，她悄悄地给姥爷、妈妈和弟弟留下了。

应征入伍的新兵，先要到木兰县城里集中。临行前，妈妈特意向马旭示意了一下，拉着马旭的手，让她捏了捏上衣的一个缝住的口袋。

“娘，这是什么？”

“旭啊，你可别嫌少，家里再也找不出第二个铜钱了。我昨晚给你缝在这个口袋里，这样也掉不了。带在身边，说不定能应个急。”

“娘……那我走了，你和姥爷、弟弟都要多保重啊！”马旭说完，赶紧转过了身去。她怕让妈妈看见自己眼里涌出的泪水。

妈妈给她缝进衣袋里的这枚铜钱，后来一直伴随在马旭身边。先是伴着她踏上解放战争的战场。新中国诞生后，马旭又把这枚铜钱带在身边，跨过鸭绿江，奔赴抗美援朝的前线。

就在马旭光荣入伍这一年，木兰县委用生动形象、通俗易懂的语言，向全县百姓发出了一个号召：

“三春不如一秋忙，千金小姐下楼房。麦子上场谷子上仓豆子上肩膀，早割快拉一粒不落，快拉地块打场，防备下雪冻得慌。一粒粮食一滴汗，节省粮食吃饱饭，积粮存草如存金。”

为什么要这样号召老百姓赶早打场、颗粒归仓、积粮存草呢？原来这是在动员乡亲们多存粮草，好支援中国人民解放军在东北前线多打胜仗，为全国的解放战争多做贡献。

根据木兰县的党史资料记录，仅仅在1947年这一年，木兰人民除了把包括马旭和她的少年伙伴们在内的一大批年轻的好儿女，敲锣打鼓送到了共产党领导的革命队伍里，跟随在这些穿上军装、光荣入伍的新战士后面的，还有全县各乡、各村踊跃出动的154副担架，1400多名支前民工，

147 挂运输大车，611 匹驮马，以及全县妇女和老人们一针一线做出的 30826 双（顶）军鞋和棉帽子。

木兰县的这种家家户户拥军支前的情景，与解放战争时期全国其他地方的拥军支前情景相比，有过之而无不及。就像后来人们在歌中所咏唱的那样：最后一把米，送去做军粮；最后一尺布，用来做军装；最后一床被，盖在担架上；最后一个儿，送他上战场。

这是战争年代中，老百姓与共产党领导的人民军队的骨肉情谊，也是老百姓对共产党真心实意、无怨无悔的选择。

第八章
战地之花

1948 年秋天，解放战争进入了第三个年头。

辽沈战役，一场“前所未有的大歼灭战”即将在东北广袤的大地上打响。

辽沈战役首先从攻克锦州入手，攻下了锦州，就可以切断华北与东北的联系，造成“关门打狗”之势，进而拉开大决战的序幕。而要攻克锦州，第一步是要打开锦州的北大门锦北重镇义县。

10月1日9时半，数十门大炮对准县城城墙一阵猛轰，硝烟弥漫，砖石横飞，整个大地都在剧烈地颤抖……

这是辽沈大决战的第一炮！5个小时后，一切都按预想的完成了。我军全歼义县守敌。

“现在的目标，直取锦州！同志们，该到锦州过过考了！”

在前线的指挥员这样鼓动着初战告捷的战士们。战士们当然都懂得，“到锦州过过考”这句话是什么意思。这是辽沈战役打响前，各部队首长们不约而同对练兵的战士们叮嘱的一句豪言壮语。

辽沈战役打响后，马旭和她的战友们背着红十字药箱，冒着猛烈的炮火，飞奔在战壕中，救治受伤的战士。

这些卫生员，大多数和马旭一样，都是刚刚结束军政大学入伍生培训后，迅速奔赴前线的新战士，她们不仅是第一次上战场，也是第一次亲眼看到和参与一场场激烈的战斗。

但是她们知道，穿上了军装，扎上了皮带，背上了红十字药箱，她们就不仅仅是一名战地卫生员，也是勇往直前的女战士，是开不败的“战地之花”！

所以，马旭和她的战友们穿行在炮火硝烟之中，娇小的身躯里，有着无畏无惧和义无反顾的力量。

在战斗的间隙，或者在战地卫生所给伤员们擦血、换药的时候，马旭这些小战士，也会听一些老兵给她们讲战斗故事。这些故事，极大地激励了女战士们的斗志，也让马旭她们深深地感到了作为一名人民解放军战士的光荣与自豪。

让马旭记忆深刻的是，有一位从张家口进入东北战场的老兵，给她讲述他们那个纵队最初进入东北的情景。

当时，他们一路行军 40 多天，过了延庆，在大观头、小观头、四海一带，他们目睹了日本侵略军制造的惨绝人寰的“人圈”——老百姓都称那是“人间地狱”：四周是土筑的高高的围墙，围墙四周是日本法西斯密集的碉堡和铁丝网，圈内便是他们强行从几十里外抓捕的中国百姓，一家老小几代挤在一间小屋子里，家家如此，毫无例外。

“日本强盗的心真够歹毒的，压根没把咱中国人当人看哪！”老兵说，“那天，纵队长带着我和几个战士走进了一个圈里，看见不少人家的大姑娘、小媳妇，都神色惊恐地围坐在土炕上，用一条破棉絮遮盖着下身！当时，纵队长红着眼睛对我们说，你们一定要亲眼看看哪，同志们，这就是‘无裤区’，一家仅有一条破裤子，谁下地谁穿！这就是我们的同胞、我们的阶级兄弟和姐妹，在日本侵略者的铁蹄下所过的屈辱日子！”

“是呀，这种生活，我老家的乡亲们也经历过。该死的日本强盗，他们就不是人生父母养的吗？拿中国人还当人吗？”马旭也愤愤地对老兵说道。

“纵队长的话还没说完，战士们个个都不由地捏得自己的指节啪啪直响。复仇的烈火，在每个人的胸中燃烧。当时，我和战士们纷纷脱下自己的外套，送给了那些神色不安的乡亲。纵队长对一位神色紧张的老大爷说，‘不用怕，老人家，这是咱们自己的队伍，是毛主席、共产党派来解救乡亲们的！你们遭罪了！’纵队长说完，又命令各支队，把所有能够留下的衣裤、干粮和钱物都留给乡亲，然后我们擦着泪水离开了这惨不忍睹的‘人圈’，继续往前赶路。”

“咱们的部队，不论走到哪里，待老百姓都像自己的亲人一样啊。”马旭说。

“这是我军的光荣传统,我们都是人民子弟兵,参军前,哪个不是受苦人出身的。我们出来干革命的目的，不就是要把全中国受苦受难的穷苦百姓都解救出来，不就是要为劳苦大众打出一个红彤彤的新中国吗？”老兵说，“小同志，请允许我以一个多次负伤的老兵的名义，希望你能在解放军的大熔炉里，在东北战场上的冰天雪地里，百炼成钢!好不好啊！”

“好啊，老同志，你说得真好！你放心吧，我们来前线之前，首长就叮嘱过我们，要在战斗中勇往直前，决不能退后和掉队，不能给部队丢脸！”

“好，好，这样我这个老兵也就放心啦！”

“老同志，听你说话的口气，像个首长，你的革命觉悟可不低哪！”

“嘿，不是跟你吹，保卫延安，保卫党中央、毛主席，还有东渡黄河，打张家口，咱可是次次都没落下过。”

这位老兵的一席话，给马旭和她的年轻战友们上了很好的一堂“政治课”。我们出来干革命的目的，就是要把全中国受苦受难的穷苦百姓都解救出来，为劳苦大众打出一个红彤彤的新中国！老兵质朴的话语，马旭在心里牢记了一辈子。

有时候，部队突然接到新的任务，马旭她们战地救护队和卫生员，也必须紧急出动，跟着队伍急行军。野战军的战士们打到了哪里，她们这些“战地之花”，就同时在哪里“绽放”。

有一天夜晚，马旭和战地救护队的战友们跟着一支纵队夜行军，走了整整一夜，拂晓时到了一个屯子边，正好从前边过来了一支队伍。

卫生员们便问道：“同志，前面的情况怎么样了？”

那边的人点点头，看着这支背着红十字药箱的女兵队伍，笑笑说：“真可惜，你们来晚了，只能替我们去打扫战场啦！”

女兵们听出这话里带着几分得意，也不甘示弱：“瞧把你们能的！真要是挂了彩，还不得靠我们抬下火线、包扎伤口？到时候可别‘哎哟哎哟’地叫唤哪！”

“开什么玩笑？咱先锋连里就从来没有出过那种怂

包。”

“你们真够显摆的呀！前面的战斗激烈吗？”

“激烈啊！可就是连俺们半根汗毛都没伤着，你们说邪门不邪门？看来是白瞎了你们送来的一份‘大礼’啦！”

“那敌人的工事怎么样？结实吗？”

“不咋地，也就是堡垒里面再装上几层钢板吧。”

“那还叫‘不咋地’？你们是怎么打开的呢？”

“很容易呀，砰！嘣！轰！三下两下就完事了！”

说话的人用手势做了个扔炸药包和爆破筒的动作。那股子得意神态和骄傲劲儿，把马旭她们这些卫生员看得一愣一愣的。

有的战士还想多问几句：“马上要过年了，你们这是要回去过年的吗？”

“要过年了？怎么，又到过年的时候了？敢情你们回去过吧，咱们啊，又有新任务了，这里就留给你们慢慢打扫清理吧！”

队伍里有的战士还取笑道：“喂，看见战士流血的样子，可不能吓得捂住眼睛呀，更不许哭鼻子哟！”

“太小瞧人吧，我们也是正儿八经的野战军战士！”

“嗬，看不出啊！哪一部分的？你们番号是……”

“这个呀……军事秘密！”

“那你们首长是谁？总不会是……的队伍吧？看上去也不像啊！”

“像不像可不由着你们说哪，到时候阵地上见吧！”

“那好啊，东北还有的是好仗打！等着听你们胜利的消息呀！你们可得多打胜仗，东北的父老乡亲过得太苦了。”

是呀，我们年轻的战士们就是这样，无论在什么样的环境下，都能保持着一种开朗、乐观的革命斗志，保持着一种敢于战斗、敢于胜利的革命信念！

马旭和卫生队战友们，也在这样的氛围中一次次得到了锻炼，受到了熏陶和教育。

在解放战争时期的东北战场上，像马旭这样的战地医护兵有许许多多。他们分散在各支部队里，和我们的野战军将士们一道，冒着敌人的枪林弹雨勇往直前，经受住了一场又一场战火的考验，谱写了一曲曲舍生忘死、医者无敌、救死扶伤的仁爱之歌和生命的壮歌。当时，部队对所有战地救护人员提出的总要求是："一切为了伤病员""一切为了部队健康"。其中不少医护战士，为了抢救自己的战友和同志，英勇地牺牲在了战场上。

马旭所在的卫生连里，有一位教导员大姐，参加革命较早，曾在苏联学习过，又喝过延河水，是从晋绥战场抽调来到东北的卫生干部之一。这位教导员不仅革命觉悟高，文化水平和专业救护能力都很强，马旭特别羡慕和钦佩她。正是从这位教导员口里，马旭第一次知道了弗洛伦斯·南丁格尔和她的小马灯的故事。

南丁格尔是一名英国女护士，她在战场上提着的那盏在风雨之夜闪耀光芒的小马灯，也被人们赞誉为最美丽的"生命之光"。

在南丁格尔青年时代，欧洲大陆爆发了一场大规模的战争，被称为克里米亚战争。包括英国在内的很多国家都卷入了这场惨烈的战争。看到从前线抬下来那么多的伤员和阵亡者，南丁格尔心痛得难忍，毅然向英国军方提出了申请，由她带领一支由 38 名护士组成的医疗小队，星夜奔赴前线，去救治、护理受伤的士兵。

战争是极其残酷的，受伤的人越来越多。

面对流血和死亡，南丁格尔没有一点畏惧和退缩。她和她的同伴坚守在战地，竭尽全力，排除各种困难，细心护理着那些伤员，用她们的善良与无畏，唤起他们活下去的勇气和信念；也为那些死去的士兵，擦净血迹，换上干净的衣服，给他们送上最后的生命的关怀和尊严。

每到夜晚，南丁格尔都会提着一盏小马灯，仔细地巡视着各个帐篷。伤病员们都亲切地称她为“提灯女神”。

战争结束后，南丁格尔回到了英国。1860年，她用政府奖励给她的4000多英镑，创建了世界上第一所正规的护士学校。随后，她又创办了助产士和生活贫困的医院护士培训班。她被称为“现代护理教育的奠基人”。

南丁格尔终身未嫁，但全世界都深深爱戴和尊敬她。人们赞颂她是一位伟大的“提灯女神”，是“世界护理学之母”和“现代护理教育的奠基者”。在她去世以后，人们为了纪念这位高尚的人道主义者，就把她的生日5月12日这天，定为“国际护士节”。

从此，“护士节”就成了一个用圣洁、善良、忘我和爱心编织而成的节日，是一个用鲜红的十字和人道主义的光芒照亮的节日。

“生命是宝贵的，我们每一个革命战士的生命，更加宝贵！”教导员告诉马旭她们说，“在战场上，党交给我们的任务就是排除万难，救护每一个战友的生命，无微不至地去呵护生命，这不仅仅是一种自然的人性，更是我军从红军时期就一直保持下来的一个宝贵和光荣的好传统，那就是‘救死扶伤，实行革命的人道主义’”。

教导员讲的故事和对她的教导，马旭都牢牢地记在了心里。在后来的一场场战地救护中，她和战友们一道，常常奋不顾身地冲上火线，把受伤的战士背下来或抬下来，像对待自己的亲兄弟、亲姐妹一样，无微不至地照料和救护他们。

有一次，为了救护一位负伤战士，马旭不顾个人的安危，冒着猛烈的炮火冲进了一条战壕，不料自己的身体也被炮弹皮擦出了重伤，差一点就在战场上“光荣”了。因为在战场救护中勇敢无畏、舍生忘死的举动，她曾数次立功，获得部队的嘉奖。

慢慢地，马旭也体会到了，作为一名革命军人，一位战地卫生员，她所肩负的使命是多么光荣和伟大。她懂得了，在这个世界上，只要生命还在延续，只要有健康和宝贵的生命存在，那么，无论是医生、护士、卫生员，都会永远值得人们尊重、崇敬和赞美。南丁格尔那盏曾经闪耀在战场上的小马灯的光芒，也将永远闪耀在人间！

第九章
战火中的淬炼

北方的冬天，总是来得那么早。刚刚进入十月，肃杀的秋风吹过滚滚辽河，扫过辽阔的旷野，卷起漫天的秋叶，似乎要宣告又一个冬天的到来。

冬至将至的旷野上，大片金色的树林，挺立在这低沉的、灰暗的天空下。一棵，十棵，上百棵，上千棵被炮火击中和灼伤过的林木，就像一队队伤兵，列队在残阳下的天边……

不过，既然冬天来了，春天还会远吗？！

1948 年冬天的东北战场，就像一道历史的闸门。闸的这一面，是人民的力量，是自由和解放的力量；闸的另一面，是败局已定、却仍然在惶惶不可终日的状态下负隅顽抗的国民党军队。而在这道历史闸门的上空，是即将升起的解放的红日、胜利的旗帜。

决战辽沈的时刻已经到来。滚滚的辽河两岸，这一片美丽富饶的土地，早就该回到人民的手中了！

正是怀着这样必胜的信念，决战辽沈的战役打响之后，年轻的马旭和她那些背着红十字药箱的战友们一道，紧紧地追随着野战部队的铁流般的步伐，任是多么惨烈的战斗，也决不后退，更不曾掉队！

还有什么样的大熔炉，能比炮火连天的战场，更能砺炼和铸造真正的战士的性格、情操与胆魄呢？！

马旭和女兵战友们一边跟着部队行军打仗，一边在实战中提升着自己的能力。冒着枪林弹雨，抢抬伤员、包扎止血；在战壕里，给伤员们喂饭、护理、洗绷带……这都是作为卫生员每天的日常工作。

马旭后来回忆起自己参加辽沈战役时的那段日子，曾十分自豪地说到，凡是有激烈的战斗时，她和那些女兵战友们，都不仅仅是战地卫生员。拿起枪来，冲进战壕，她们个个是名副其实的战斗员！

有好几次，就因为亲身参加了激烈的战斗，身为战地卫生员的马旭，自己也负过重伤，并且获得了部队的立功嘉奖。

让她记忆尤深的，是攻克锦州的那场激战。

马旭所在的部队首长，在做战前动员时，提出了一个口号：到锦州去过过考！可见攻打锦州这一仗非同小可！

这时候，国民党的10万守军正依托大量的永久性和半永久性工事，固守在锦州城里，等待更多的援军到来，还在解放军可能进攻的正面设了两个制高点，一个是“配水池”，一个是“大疙瘩”，一东一西构成了城北两扇大门，居高临下，控制着通往城内的道路。范汉杰自诩他的“配水池”是“第二个凡尔登”，固若金汤。

马旭所在的那个纵队的首长，经过现场勘察，认定拿下这两个制高点，是攻取锦州的必经之路，所以决心先打这一场硬仗、恶仗。

10月9日，我军的两个营分别向两个制高点发起进攻，经过一天的浴血奋战，首先拿下了配水池，捣毁了所谓的“固若金汤”的“第二个凡尔登”。但那个“大疙瘩”却仍然未能攻下，敌我双方一时间呈胶着状态。

这时，纵队首长瞪着布满血丝的眼睛，狠狠地扔掉还剩半截的香烟，厉声喊道：“派几个力气大的战士过来！掩护我接近‘大疙瘩’阵地，我就不信拿它没办法！”

马旭看到，三个身体壮实的、有经验的战士，掩护着纵队首长，迂回着越过了重重炮火的封锁，钻到了敌人的鼻子底下。

那个“大疙瘩”后面，有一条交通壕，敌人在交通壕里来往穿梭，不断向前运送着兵员和物资……

“打蛇要打七寸，好家伙，你的‘七寸’原来藏在这里！我这就给你切断它！”纵队首长当即命令，“速派一个连从侧后插过来，务必切断敌人前沿与后方的联系！动作要快！”

攻击部队根据指示，重新调整了兵力，经过再次争夺，终于攻下了“大疙瘩”，扫清了通向城内的屏障。

14日上午11时，总攻一声号令，天崩地裂一样的炮火和潮水般的队伍，一齐迸发出来。锦州城头顿时枪炮声隆隆，飘浮在锦州上空的白雾，瞬间变成了浓黑的烟云……

“赶快上！咱们的‘大家伙头’发言了！”这是战士们专门给那些用缴获来的美军“十轮卡”拉着的美国重炮起的绰号。

炮声响过之后，担任并肩突击的两个突击营，冒着密集的封锁火网，箭一般地冲出壕堑，仅用了 14 分钟，便越过了 300 米的开阔地带，一跃而冲上城墙。

“红旗！把红旗插上城墙！”有一位指挥员高声叫道。

滚滚的硝烟中，突击营的两面红旗，在城墙上“唰”地展开、升起，耀眼夺目！

后续部队一见自己的红旗，仿佛听到了胜利的召唤，高喊着，跳跃着，如猛虎，如潮水，飞扑城墙垛口。

马旭和战友们也看到了那面鲜艳的红旗，紧随着像开闸的潮水一般的攻城战士，朝着红旗指引的方向奔去……

好一场紧张、激烈的巷战！

战士们冲得这样快，以至闯进了敌人的一个营的指挥所里，满屋的守敌还以为是“自己人”呢！待到回过神儿来，便一个个吓得“扑通”一声跪在地上，双手举起了长枪。

可是战士们顾不上了，互相叮嘱一句：

“不要人枪，迅速前进！”

马旭和卫生员们这时候都成了真正的战斗员。她们故意大声地拉动着枪栓，和从后面赶上来的战士们一起，厉声命令缴枪的敌兵道：“枪放左边，人靠右边，顺着大街，齐步……跑！”就跟操练自己的队伍一般。

就这样，我军如闪电一般攻占了锦州，锦州10万守敌，被一举全歼。

15日下午5时，锦州宣告解放。纵队首长们看见战士们押着一队队俘虏走过，笑着说道：“乖乖！这么快就结束了？比预想的快多了嘛！原想一座楼打10分钟，怎么也得打他个五六天……”

“是呀是呀，结果就是这么快，跟秋风扫落叶一样，好像还没怎么打呢！”

有战士笑着问道：“首长，俺们打得怎么样，好不好？”

首长朗朗地大笑着说道：“好！打得好！你们真是打得好哇！”

马旭和女兵们见状，也笑着问首长：“我们的急救包还没来得及打开，怎么战斗就结束了？原来这‘过过考’也不那么难嘛！”

“小鬼！你们考得都不错，都很优秀！”首长们笑着问道，“听说，你们还给俘虏们训了话？训的什么话呀？”

“枪放左边，人靠右边，顺着大街，齐步……跑！”

马旭和女兵们故意用了最严厉的口吻，说给首长们听。

“哈哈哈哈……真有你们的！”首长和战士们听了，都情不自禁地大笑起来。毫无疑问，这是发自心底的胜利的欢笑！

但是，攻下锦州还不是辽沈战场上最后的胜利。

马旭和战友们又紧紧跟随着野战纵队，信心百倍地向着远方奔去，向着胜利奔去……

一路上，马旭和她的战友们看到了我军各种各样的路标和“启事”：

“××部已向沈阳挺进！”

“××部见字请立即追赶主力！”

直通沈阳的大道上，各路战士展开了奔向胜利的赛跑。

不用说，马旭她们这些背着红十字药箱的卫生员，也步步紧跟地加入在这“赛跑”的铁流之中。

她们全然没有想到，她们会紧跟着部队，从锦州城一直追奔向沈阳，去迎接整个东北的胜利。

“乖乖，仗打到了最后，竟来了这么一场热闹的！”

“俺们是野战军，专门打运动战的！不跑路，不撵兔子，那还叫什么运动战！”

“可惜啊，把俺媳妇亲手给做的一双新鞋，也给跑丢了一只！”

“嗨，跑掉了一只鞋算什么！等沈阳解放了，让首长给你发一双高筒大皮靴！”

“去去！净会拿我开心！卫生员，拜托你去给我找双鞋子呗，没有一双，一只也行啊！”

……

11 月 2 日中午，沈阳大街上已经听不见枪声，看不见伤员了。

马旭和战友们走在进城的队伍里，听到的全是市民的欢呼声，看到的全是载歌载舞欢迎的人群，还有老百姓对着押解俘虏的战士的喝彩声：

“还是你们这支戴狗皮帽子的队伍行啊，可比他们那些戴大盖帽的强多了！”

“可把你们给盼来了！解放军万岁！共产党万岁！”

在这个冬天里，辽河两岸的高粱秆，还有一些小灌木的枝枝叶叶，和那些勇往直前、英勇牺牲的解放军战士的血肉一起，融入了大地，化作了泥土。没有人怀疑，待到来年春天，千里沃野，将会长出更加美丽的花朵和茂盛的庄稼，点缀和守望着自己的家乡。

是啊，严冬即将过去，春天还会远吗？！

第十章
红彤彤的新中国

谁见过北方的春天是从哪里来的？是从一条条冰封的大江轧轧作响的开裂声中来的吧？是从无数片巨大的冰块，在苏醒的河上不断地碰撞、奔突、滚滚向前的洪流中来的吧？

而在远离了开江时的碰撞与奔突的旷野上，在冬日最后的寂静里，在最后的寒意料峭的风中，当你驻足倾听，你也许还能听到一种微弱的呼唤，仿佛来自冰层，来自冻土之下，来自正在悄然苏醒的林子与林子之间……

这时候，朗润的春天，就像一位赤着双脚的少女，越过冰雪之乡，款款地含笑走来。走下绵延的山野，走向辽阔的平原，走过河畔、田野、小树林和村庄……她的朴素的裙子里，兜满了新生命的种子；她一边沿路播撒着，一边唤醒沉睡的万物；她站在无比辽阔的原野上，吹着朴素而嘹亮的叶笛，呼唤所有山村的孩子到山野上来，到悄悄返青的村头和河畔来；她让孩子们带着风筝而来，让牧童们把牛放到流水淙淙的河畔；让牛和羊也美美地享受早春的自由与欢腾的温情；牛儿们宽厚的背上，也洒满了温暖的乳汁般的阳光。

她同样也化作殷勤的布谷鸟，飞遍远山和林野，召唤所有的乡亲，无论是年老的还是年轻的，都去打开篱院的门；召唤所有的农人，都扛上犁耙，赶上毛驴驮马，走到田地和山野上去。布谷声中，所有的农人都知道，春天来了，又到开犁的日子了……

残冬远去，大地回春。马旭和她的战友们一道，在马不停蹄的战斗和行军中，送走了硝烟弥漫的1948年，迎来了 1949 年的春天。

不过，这时候，16 岁的马旭还无法想象，1949 年将是一个怎样石破天惊的时刻，一个天翻地覆、改写中国历史进程的时刻！全国人民一起,在这一年迎来新中国的诞生！

南下！南下！南下！打过长江去，解放全中国！

这是马旭和她的战友们最为熟悉的进军口号，也是战士们心中最坚定的胜利的信念！

打下沈阳后不久，马旭和她的卫生员战友们又接到了新的命令：随大军南下，提前入关。

这天，马旭这群背着背包和药箱的女兵们，在跟着队伍急行军途中，几位纵队首长，骑着马经过她们身边时，特意下马，鼓励她们说：“嗬，你们这群小鬼，脚板跑得很快嘛！一转眼就跟到这里来了！”

马旭她们齐刷刷地“啪”的一个立正，说：“首长，我们走得这么急，这是要去哪里啊？”

有的女兵问道：“也没听说山海关那边有仗打呀？”

“是谁告诉你们要去山海关打仗啦？乱弹琴！”首长为马旭她们紧了紧背包的背带，意味深长地说，“告诉你们，现在大部队入关，有更大的任务在等着你们哟！”

“更大的任务？”

“对呀！要去接收天津啊！”一个勤务员抢着告诉马旭她们说。

“机灵鬼，就你话多！”首长说，“怎么样？这个任务不算小吧？你们有什么困难没有啊？”

“困难嘛，有倒是有，就是没法子解决哪！”

“哦？说说看，就是有天大的困难，也不能让你们卫生队背着哪！”

马旭一听，好像觉得“有门儿”，重新整理一下军帽，又是一个立正，说道：

“首长，是这样，我们卫生队里有不少战友，在战场上急救时，把自己的棉衣盖在伤员身上，让担架给抬走了，再也找不回来了。所以，首长您看，有的战友只能穿着两层夹衣行军啦！”

“哦，现在关内也是冬季，没有棉衣可扛不住冻啊！”首长又问，“除了棉衣，你们还缺什么？”

“我们卫生队分到了两辆救护车，可就是汽油不够。”

“哦，这么说，还缺汽油！”首长点点头，吩咐身边的通讯员说，“你跑步去供给处那里，把我们缴获的那些‘皮猴’，领一些出来，就说是我批准的，让他们先满足卫生员的需要，你尽快统计一下，需要多少件。”

“好的，领一些‘皮猴’。那汽油呢？”

“汽油也让他们匀出一些来，再怎么也不能让我们的救护车‘抛锚’吧？”

“首长，您……对我们太好了！”女兵们满怀感激地给首长敬了礼。

“不是我好，是你们……”首长像一位鬓发斑白的父亲看着自己的亲生女儿们一样，疼爱地看着这些只有十七八岁的卫生员说，“是你们……你们都是人民的好儿女，好子弟兵啊！”

“首长，那我们就在关内见啦！”

“对，关内见！哦，不，应该说，我们在北平城、在天津城里见！”首长翻身上马，一勒马缰，又高声叮嘱道，“小鬼们，要紧紧跟上队伍，不能掉队哟！”

“放心吧，首长！我们永远都不会掉队！”

一阵急促的马蹄声，带起一路尘烟，消失在队伍前方……

马旭和战友们，还有她们背后这支长长的、一眼望不见尾的铁流般的队伍，脚踏着祖国大地，向着中国人民解放事业所召唤着他们的方向，坚定地奔去。

就这样，在辽沈战役结束后，1949 年初，马旭和战友们跟随解放大军，离开了东北，跨过山海关，进入了平津战役的战场。

这时，根据战略上的需要，中共中央军委已命令将原西北、中原、华东、东北野战军，依次改编为第一、二、三、四野战军。马旭作为第四野战军的一名卫生员，跟随部队，继续南下。

1949 年 5 月，我强大的中国人民解放大军万船竞发，跨过了长江天险，解放了包括武汉在内的华中地区。当时，国民党反动派眼见整个东北、华北、华中等地区的大势已去之后，便不分昼夜地纷纷逃向祖国的南部沿海一带，企图依靠最后的海防，苟延残喘。

“宜将剩勇追穷寇，不可沽名学霸王。”根据党中央、毛主席“向全国进军”的命令，马旭所在的部队奉命继续挥戈南下，乘胜追击。中国人民解放军大进军的号角，吹得更加响亮了！

江南春来早。中国人民解放军以风卷残云、摧枯拉朽的气势，打过了长江，开始向长江以南地区进军。辽阔的江南大地上，金黄色的油菜花地一片片盛开，好像要从人们的眼前一直开向远方，开到遥远的天边。这个明媚的春天，也是国统区人民从黑暗和苦难中迎来自由解放的第一个春天。

胜利的消息一个接一个传来：先是南京解放，接着就是上海……

“向前！向前！向前！我们的队伍向太阳，脚踏着祖国的大地，背负着民族的希望，我们是一支不可战胜的力量……”

从春天到夏天，马旭跟随着铁流一般的部队，不断地向前，向前。仗越打越勇，奔跑得越加坚定，脚板也更快。

后来，马旭这样回忆过 1949 年春夏之时，她们这些卫生员跟随部队一路南下的情景：仗虽然打得不像东北战场上那么激烈和残酷了，但长途行军依然十分艰苦。命令来了，需要星夜奔驰，有时连吃饭都顾不上了，战士们就用缸子、帽子、衣襟、树叶，盛上点饭，边吃边走。有的连鞋底都跑穿了，还有的战士在黑夜里跑掉了鞋子，就只好光着脚板继续奔跑赶路。衣服更是没有时间换洗，不知道反反复复被汗水、雨水浸透多少遍了，有的女兵的衣服上都泛出了白花花的盐花。

那段日子，因为不停地行军、南下，驰过了一座又一座城市和村庄，马旭她们这些年轻的女兵甚至都记不住曾经过了哪些省份、在哪个地方停留过。这支英雄的部队，朝着革命召唤着他们的地方，一路挺进，勇往直前！

1949 年 10 月 1 日，毛主席站在北京天安门城楼上，向全世界庄严宣告：中华人民共和国成立了！

新中国成立这天，马旭和战友们正跋涉在行军途中。因为当时音讯不通，新中国诞生的喜讯，他们是在第二天才听到的。队伍里传出了一阵又一阵激动的欢呼声。

“中华人民共和国诞生啦！”

“中国人民从此站起来了！”

“伟大的新中国万岁！”

马旭和战友们激动得紧紧拥抱在一起。有的战友仍然保持着在东北战场上欢庆胜利的习惯，高高地举起手中的枪杆，大声地呼喊着“胜利！胜利！胜利！”

战友们紧紧地拥抱着，兴奋地欢呼着，眼里涌出喜悦的泪水……

在马旭跟随大军南北征战的日子里，在她的家乡木兰，县委根据党中央的决定和有关指示，在广大的农村地区，逐家逐户地宣传和实行了土地改革、使耕者有其田的土地政策。至 1948 年，全县的土地改革全部完成。农民翻身得解放，欢天喜地地分到了土地和大批生产资料，真正成了木兰达河两岸这片辽阔的土地的主人。

有了土地的农民，为了更好地发展生产，纷纷组织起来，成立了临时互助组。在这样的日子里，马旭的妈妈，带头加入了互助组。

1949 年 10 月 1 日，新中国成立的喜讯传到了木兰达河两岸。为了庆祝这个伟大的节日，木兰县委、县政府召开了隆重的庆祝大会，木兰人民倾城而出，万人空巷，载歌载舞，欢庆了整整三天。锣鼓声、鞭炮声和欢笑声日夜不息，响彻在木兰达河和白杨木河两岸，也使四周的鸡冠山、蒙古山等逶迤连绵的群山再次沸腾起来……

欢欣的泪水，伴着春天的细雨，洒在古老的大地上，有多少稚嫩的生命在等待着绽放。而春天的太阳，那充满希望的金色阳光，也将给每一朵小花、每一株小草都注入最旺盛的生命力。

红彤彤的新中国如朝阳喷薄而出，马旭的心中对未来也有了新的憧憬。

第十一章
英雄的故事

几年的战斗生活，不仅淬炼了马旭的体魄和意志，而且在革命的大熔炉里，她和她的战友们——这些从小都没有念过多少书的“小鬼”，文化水平也在不断地提高。

战斗的间隙，卫生连的那位教导员大姐，经常带着她们读书，给她们讲先辈们的奋斗故事，帮助她们学习文化。

马旭一直到老年，每次讲起这位教导员大姐，内心都充满深深的感激，把她视为自己的人生导师和革命的引路人。

教导员大姐在苏联学习过，会讲俄语，读过不少苏联战争小说。所以，马旭她们在战斗间隙，从教导员口中听到了不少苏联红军的故事。后来，马旭有机会、也有阅读能力了，自己去找小说来看时，读得最多的也是苏联的英雄故事和战争小说。比如《铁流》《钢铁是怎样炼成的》《他们为祖国而战》《真正的人》《团的儿子》《金星英雄》《青年近卫军》，等等。

当时，马旭心中钦佩和向往的，就是苏联小说里的这些爱国英雄，像夏伯阳、保尔·柯察金、蔡金娜、古丽雅、“无脚飞将军”密烈西叶夫、马特洛索夫、卓娅和舒拉……都曾经对她的心灵产生过巨大的震撼。

有一次，教导员给马旭和几个卫生员讲述了一个年轻的高射炮手的故事。那个高射炮手名叫吉洪，在打击德国法西斯的战斗中失去了自己的右臂。因为成了残疾人，这个年轻人不能再在部队里当炮手了，就留在地方上，成了一名水坝看守员。

但是，无论走到哪里，战士永远还是战士，英雄永远都是英雄。这位炮手虽然远离了自己的战友，却得到了两个在战争中失去了亲人的少先队员的崇拜和帮助，他们好像成了他的新的“臂膀”。这两个少年不仅帮助吉洪干些诸如打柴、挑水之类的体力活儿，也给这位孤独的战斗英雄送来了心灵的安慰。

教导员大姐在讲这个故事时，十分动情，好像她自己就是那位年轻的炮手，而马旭和卫生员们就像那两个少年。教导员用这样一个故事，从这样一个侧面，把战争岁月里的人性之美和主人公对生活的热爱、对未来的希望，讲得这样动人！马旭觉得，贯穿在故事里的那种纯朴、美好和人道的感情，就像涓涓流淌的春天的小溪，滋润着她们这些十七八岁的女战士的心田。

这个故事让马旭念念不忘。战争结束后，在新中国和平的日子里，有一天，马旭在部队图书馆找书看时，竟然从一本苏联小说集里，意外地发现了这篇名为《右臂》的故事。

当时，她把这篇故事读了一遍又一遍，故事最后有一个段落，她几乎能背诵下来：

秋天到了，秋色洒满大地。吉洪还从来没见过这样的

秋天：碧空如洗，没有一丝风，没有一片云。森林中的树木在阳光照耀下闪闪发亮，仿佛每一根枝，每一片叶，每一支茎，都是巧夺天工的西伯利亚铁匠用金子打成的。四处传来金花鼠的吱吱叫声，在有青苔的圆滑的大石头上，越橘花上的露水到中午还未干。这些大石头上开着的小红花，好像是青苔中间燃烧着的小篝火……

也正是从这样一些战争小说和英雄故事里，马旭渐渐懂得了祖国、荣誉、坚强、勇毅、尊严、勤劳、友谊、正直、理想……这些明亮的字眼；懂得了身为一名革命战士，应该具有的那种敢于舍弃自己的幸福而为劳苦大众求解放、谋幸福的革命情怀，那种敢于为了理想、为了祖国和人民的利益英勇献身的大无畏精神。

马旭还记得，教导员大姐曾多次给她和战友们讲过盖达尔的故事。盖达尔 16 岁就在苏联红军中当团长，后来又成为一位有名的作家。教导员给马旭她们讲过的《铁木儿和他的队伍》《军事秘密》和《一块烫石头》等故事，都是这位年轻的红军团长写的。

盖达尔是苏联的战斗英雄，多次在敌人的炮火中出生入死，挥舞着长刀指挥战斗。当他因伤退伍之后，又以记者和作家的身份走遍了自己的祖国，为青少年们创作了很多战争题材的小说和童话故事，影响了苏联和俄罗斯几代青少年的成长。孩子们不约而同地称他为“伟大的盖达尔叔叔”。

盖达尔不仅是一位爱国英雄，也是一位智慧和伟大的“儿童教育家”，他善于发现孩子们心中闪光的东西。他懂得孩子们喜欢用最大的尺度衡量一切：勇敢，他们喜欢不顾一切的；友爱，他们喜欢忘我的。

让马旭记忆尤深的是，有一次，教导员大姐还给她们讲过盖达尔与苏联卫国战争时期著名的少女英雄卓娅的故事。

卓娅的全名是卓娅·阿纳托利耶芙娜·科斯莫杰米扬斯卡娅，曾是中国青少年非常熟悉的女英雄。卓娅很崇拜盖达尔，也喜欢读盖达尔叔叔写的书，比如《学校》《远方》和《军事秘密》等。只要盖达尔的新书一出版，她就会抢着买回来。每读完一本，就会和弟弟舒拉还有妈妈一起进行热烈而亲切的讨论。

有一次，卓娅患了脑膜炎住进了医院。有一天，卓娅正在雪地上散步，忽然看见一个身高肩宽的叔叔在那儿堆雪人。

原来，这个人就是盖达尔，他也在这个医院里疗养。

卓娅在医院里和自己最崇拜和爱戴的盖达尔叔叔成了好朋友。他们一起滑冰、堆雪人，晚上在一起唱歌并谈论读过的书。卓娅给盖达尔朗诵她喜爱的马雅可夫斯基的诗歌，盖达尔领着卓娅去看他在雪地上建造的堡垒。

几天之后，卓娅要出院了。盖达尔送她们母女到栅栏门口，然后很严肃地递给卓娅一本书："我写的，送你做纪念。"

在这本书的封皮的内页，卓娅看到了盖达尔叔叔写给她的话："什么是幸福？每个人有自己的见解。但是所有的人都应知道和了解：应该正直地活着，辛勤地劳动，并且热爱和卫护这片名为'祖国'的广大的幸福的土地！"

少女卓娅把这段话牢牢地记在心里。没过多久，卫国战争爆发，她默诵着这段话走上了前线，成了一名光荣的青年游击队员。

1941 年 10 月 26 日，重返前线的盖达尔带领四名游击队员，在乌克兰第聂伯河边的坎涅夫城附近进行侦察时，被德国军队发现了。关键时刻，盖达尔做出了一个英勇的决定：宁愿暴露自己，用自己的死告诉战友们，敌人就在眼前，以免让战友们全部陷入敌阵！他在夜色里站起身，挺直腰板，几乎是用尽全部力气，放开嗓子大声喊道："同志们，冲啊！"

在他站起来向前冲锋的那一瞬间，一颗罪恶的子弹射了过来，击中了盖达尔伟岸的身躯！一位才华横溢的伟大作家，一位出生入死的英勇战士，一位精忠报国的善良赤子，就这样在卫国战争中献出了自己年轻的生命，年仅37岁！

"一个正直的人，一个真正的战士，就应该这样的生活着和奉献着自己！"教导员告诉马旭说，"卓娅是带着盖达尔写的书，走上了与德国法西斯作战前线的。卓娅成为游击队员后，在一次惨烈的战斗中，被德国军队包围在一个村子里，被捕后受尽了非人的折磨。站在法西斯的绞刑架下，卓娅大声地说道：'我不怕死，同志们，为自己的人民而死，这是幸福啊！胜利迟早是我们的！'她高喊着口号，走到绞刑架前，为了自己的理想和信念，为了祖国的自由与解放而献身，实现了自己壮丽的誓言。"

教导员讲述盖达尔和卓娅的故事时的神态、语气，还有眸子里无声地转动着的泪光，都深深地刻印在马旭的心里。

一直到了晚年，马旭还能清晰地背出盖达尔写给卓娅的那段临别赠言："什么是幸福？每个人有自己的见解。但是所有的人都应知道和了解：应该正直地活着，辛勤地劳动，并且热爱和卫护这片名为'祖国'的广大的幸福的土地！"

第十二章
跨过鸭绿江

1950年11月下旬，朝鲜战场上一连降下了好几场大雪。雪花纷纷扬扬，茫茫无际，覆盖住了朝鲜半岛那美丽的三千里江山。

但这是残酷的战争年代。在一片片的战地上，大雪刚一落地，便骤然失去了它原有的素洁，被浓烈的硝烟和爆炸的尘埃染成了一片片可怕的黑色……

屈指一算，我中国人民志愿军进入朝鲜战场已经一个多月了。当年轻的志愿军战士们趁着夜色跨过鸭绿江大桥，跨出祖国的北大门，踏上被炮火震荡着的朝鲜大地时，正逢“联合国军”总司令、骄狂自负的麦克阿瑟承奉美国上司的旨意，大举北犯的时刻。

麦克阿瑟狂妄地叫嚣，要在1950年西方的“感恩节”前，把自己的地面部队迅速推进，一举吞并朝鲜半岛，从而扑灭整个东亚的革命烈火。为此，他还得意洋洋地把这个计划命名为“圣诞攻势”。

然而，麦克阿瑟怎么也没有想到，他精心布置的所谓“圣诞攻势”，迎面碰上的竟是中国人民志愿军的当头一棒！他的如意美梦，在朝鲜战场上如此迅速地被粉碎！

最终，麦克阿瑟不得不重新考虑自己的计划，将部队撤退到清川江南岸，一边喘息休整，一边伺机发起新的攻势。

此刻，大雪仍然下个不停。

纷纷扬扬的雪花，覆盖了被战火烧毁的工事、树木和被烧得黢黑的岩石与泥土，天地间一片白雪皑皑，连一只飞鸟的踪影都看不见。

半个月前刚刚结束了第一次战役的志愿军各部，这时候也正遵照志愿军司令部的指示，“集结休整，准备再战”。

这是新的大战前，一段短暂的平静的时间。

这天，马旭给几位负伤的战士换好了药，扎好了绷带，就和另一位卫生员一起，扒开坑道口的厚厚积雪，一边用力呼吸着冷冽的、新鲜的雪天的空气，一边从坑道口向外眺望着远处的青山白雪，眺望着被大雪覆盖着的、因而显得格外肃穆和寂静的大地……

“好大的雪！真是一场好雪呀！”马旭喃喃地说道，“这要是落在我老家的庄稼地里，明年准是一个大丰年。”

这时候，她的思绪不由得又回到了祖国，回到了一两个月前，祖国人民正在欢度国庆一周年的日子里……

本来，马旭和她的卫生连的战友们正跟着“四野”大军一路南下，有一天，却突然接到新的命令：调转方向，迅速赶回她们曾经战斗过三年多的故乡东北。上级还要求她们，马不停蹄，在规定的时间内，集结到丹东待命。

“这下可好了，刚刚脱下不久的棉衣和‘皮猴’，又得重新穿上了！”有的女兵在嚷嚷着，“哎，要我们返回东北老家，这次是要去执行什么任务呀？”

“这还用问吗？你们看那里写着什么！”马旭朝着贴在车站墙上的一些标语，努努嘴说。那些标语上，清晰地写着这样一些口号：

“全国人民动员起来，保卫世界和平！”

“全世界爱好和平的人民万岁！”

“坚决反对新战争的挑动者！”

……

背着背包，马旭和战友们一起站在站台上，等待即将开来的一辆北上的列车。她隐隐感觉到，有一场更艰巨的战斗，正在召唤着她和她的战友们。只是，她暂时还无法知道，她们何时能上阵杀敌。

是的，马旭的感觉没错。就在中国人民还沉浸在国庆一周年的欢乐时刻，美帝国主义已经在朝鲜燃起熊熊战火。一旦美国侵略者越过“三八线”，后果不堪设想。朝鲜人民急切地希望中国人民施以援手，与他们并肩作战，共同打败美帝国主义。

“真是欺人太甚！唇亡齿寒，我们岂能袖手旁观！”

党和国家领导人经过再三思考，审时度势，做出了英明的决定：抗美援朝，保家卫国！

马旭所在的部队，是第一批跨过鸭绿江进入朝鲜的志愿军部队。后来她才知道，在一次激烈的战斗中，用自己的血肉之躯堵住了敌人机枪眼的“特级英雄”黄继光，就是这支英雄部队的战友之一。

此时，夜已深了。满天的星光正照着四周白茫茫的山岭和阵地，阵阵冷冽的寒风从山岭上吹过来，袭向志愿军战士们宿营的坑道。

“好冷啊！感觉比我老家的冬天还要冷得多！”马旭禁不住打了个寒噤。

“快不要吱声了，闭上眼睛睡一会儿吧。”有位战友说道，“明天要去的那个坑道，有十几位伤员哪，任务重得很！”

“你先睡吧，我睡不着。”

“怎么啦？想家啦？”

“没有啊，我是在想……我弟弟是不是也跨过鸭绿江了。”

“哦，你弟弟也报名参加志愿军了？”

“是呀，你看，这是一个月前我在丹东收到的信。要是他真的被批准当上了志愿军，我在朝鲜战场上见到他，不知道还能不能认出他来。”

“小马旭，你有多久没有见到自己的弟弟了？”

“从 1947 年我入伍离开家，到现在，有四个年头了！他在信上说，自己比四年前长高了好多，也长壮实了……”

说着，倚靠在一盏昏黄的马灯前，马旭又展开了弟弟写来的这封信，这封她说不清已经看了多少遍的家书。

让她倍感自豪的，不仅仅是弟弟报名参军，想要当一名保家卫国的志愿军战士，还有弟弟在信中向她描述的，木兰县乡亲们踊跃支援抗美援朝的情景……

当党中央、毛主席向全国人民发出了“抗美援朝，保家卫国”的号召之后，木兰县也迅速展开了抗美援朝、保家卫国和全力支援志愿军的群众运动。一批批青年踊跃报名参加志愿军；当不成志愿军的青壮年农民，就报名到前线担任战地勤务和运输工作。

弟弟还在信上告诉姐姐说：全县各界人民有钱的出钱，有力的出力，还对志愿军家属给予了特别的慰问和照顾，用实际行动来支援前线。所以，请姐姐在前方放心工作，不要惦记妈妈和姥爷。弟弟还说，如果他当上了志愿军战士，他们姐弟俩说不定会在战场上相遇，不知道到时候姐姐还能不能认得弟弟的模样？

其实，木兰县当时还有一些踊跃支援抗美援朝前线的故事，是马旭和她的弟弟都不知道的。

为了保障能给朝鲜战场上的志愿军不断补充力量，1950 年 1 月 7 日，木兰县委成立了一个专门的“扩军动员委员会”。随着抗美援朝战争进展的步步推进，木兰县的扩军工作，从上到下，一直搞得轰轰烈烈。木兰的街头巷尾，每天都能听到“雄赳赳气昂昂跨过鸭绿江，保和平卫祖国就是保家乡。中国好儿女齐心团结紧，抗美援朝打败美帝野心狼”的志愿军战歌。

除了这首志愿军战歌，木兰的妇孺老幼，几乎人人也都会哼唱管桦的那首《慰问志愿军小唱》：

紧敲那个鼓来呀慢拉琴，
我来唱唱光荣的志愿军。

中国出了咱志愿军，

一棒打坏了杜鲁门。

中国出了咱志愿军，

和平幸福有保证。

……

同志们不怕冷风吹，

同志们把雪地当床睡。

渴了冰雪当水喝，

饿了炒面吃几嘴。

同志们你们真勇敢，

不怕吃不饱来穿不暖，

坚守岗位勇敢杀敌在前线。

……

同志们呀你们过山岗来又渡江，

衣服结冰不知凉。

同志们受苦又受累，

我们永远不能忘呀，

把这正义雄壮英勇事迹永远歌唱。

根据木兰县的党史资料记载，仅仅在抗美援朝初期，即1950年11月的统计，木兰全县就向志愿军部队送去了420名青年男女，其中有15名朝鲜族青年；这年12月28日，来自木兰县的担架队，共有525名精壮的民工，分编成了三个中队，奔赴到朝鲜战场。这批担架队的民工们，一直到第二年，1951年5月25日，才从朝鲜返回木兰家乡。

到了1951年上半年，木兰县委、县政府向全县人民发出了向志愿军捐献飞机大炮的号召，得到了各界的热烈响应。于是，家家户户省吃俭用、踊跃捐款。县政府将这笔代表木兰人民心意的捐款，及时地交给了国家。

此外，据不完全统计，仅仅到1950年年末，木兰县各乡各村的群众，在慰问志愿军热潮中，还捐献了支援战勤粮130万斤、猪241头、干菜21100斤、粉条13534斤、炒面5800袋；布鞋1280双；还有毛巾、香皂、牙粉、牙膏、牙刷、日记本、铅笔、手绢、皂盒等56234件，以及大量现款。

这些慰劳志愿军的物品和现款，都分别由上级有关部门及时地送到了前方和后方的志愿军医院里。

没有好父母，哪来的好儿女？没有好儿女，哪来的好家园？

若问我们伟大的中国人民，为什么能历尽艰辛挫折而生生不息、不断浴火重生，霞光灿烂，只因为有无数的好儿女，在用热血和真情把她守卫；若问我们崭新的中华人民共和国960万平方公里的大地河山，为什么这样壮丽，这样万众一心、生机无限，只因为有无数双勤劳、勇敢和坚强的大手，在为她奋斗，为她梳妆，为她打扮……

“马旭！小马旭！”

马旭正捧着弟弟的书信，沉浸在自己的思绪之中，没听到一位战友的招呼。

“你看看，你看看，捧着弟弟的来信，都想入迷了！连觉都不睡了！”那位卫生员战友见马旭仍沉迷在那儿，没有回应，便提高嗓门又喊了一声，“小马旭，你耳朵叫炮弹给震聋了吗？”

“哦，到！没……没有震聋，我……是我走神了。”

马旭这才从长长的思绪中回过神来，笑着说，“你可知道，我的家乡给抗美援朝都做了什么贡献吗？”

“都做了什么贡献？不用说，肯定也捐献了飞机和大炮！”

“你看看我弟弟信上写的，光是我家里，就捐献了许多干菜、炒面、布鞋，还有牙膏和牙粉哪！真是有什么就献什么啊！”

“是呀，祖国人民日日夜夜惦记着我们，用实际行动支援着我们哪！你说，我们能在这里白吃祖国人民送来的炒面吗？能不把每一场仗都打好、打胜吗？”

“当然不能啦！”马旭收起信，拉开背包说：“从现在开始，我再也不想家了！我要把所有的心思，都用在救治我们的伤员上！”

“这就对了！离家那么远，想也是白想啊！你知道吗，马旭，刚才，我在脑子里把这一个多月来的前前后后又过了一遍。你没听团首长说吗，看来，离第二次攻势已经不远了……”

“是呀！双方都休整得差不多了，我们的战士急得手都有点发痒了。好啦，不说啦，现在开始睡觉。”

在朝鲜战场上，马旭和她的卫生连的战友们，不仅英勇地奔赴在阵地前沿抢救伤员，她和几个战友还发现，女兵们的歌声可以安抚受伤的战士，歌声可以转移他们负伤流血带来的痛苦，于是，不知不觉地，马旭和卫生连的女兵们，好像个个都变成了“歌唱家”，喂药、换药、清洗伤口、打绷带……在这些老本行之外，女兵们又增加了一项新技能：给受伤的战友唱歌。

不知从什么时候起，马旭所在团的战士们，还给她起了个亲切又俏皮的代号：“战地小百灵”。

第十三章
祖国好儿女

一条大河波浪宽，
风吹稻花香两岸。
我家就在岸上住，
听惯了艄公的号子，
看惯了船上的白帆。
……
好山好水好地方，

条条大路都宽敞。

朋友来了有好酒，

若是那豺狼来了，

迎接它的有猎枪！

这是强大的祖国，

是我生长的地方。

在这片温暖的土地上，

到处都有和平的阳光。

我国的一代代观众，有谁不熟悉电影《上甘岭》的这首主题歌《我的祖国》，一谈起《上甘岭》的故事，谁能不想起那些冒着猛烈的炮火，无所畏惧地去抢救伤员的女卫生员？

电影里，在坑道里和受伤的战士们一起高唱《我的祖国》的那位坚毅而美丽的卫生员王兰的形象，是当时奔赴在抗美援朝火线的众多卫生员的一个代表。而根据《上甘岭》创作人员披露，王兰的原型，正是与马旭在同一支部队的卫生员战友——吴炯。因此，王兰的故事，也正是马旭和她的卫生员战友们的战地生活缩影。

这些年轻美丽的女卫生员，不仅是战场上的女战士，也是伤员们心中的“救护天使”，是他们愿意拼尽热血和生命去保护的同胞姊妹。而在这些卫生员眼里，每一位出生入死的志愿军将士，都像自己的父亲和兄弟一样，他们的疼痛和生死，也紧紧牵连着她们的心、她们的欢乐和悲伤！

在一次次战地救护中，马旭和她的战友们，都把负伤的战士当作自己的亲人一样，悉心照料和救护，疼爱有加。为了从死神手中抢救自己的战友，关键时刻，这些女卫生员甚至会毫不犹豫地自己先把药品嚼碎、然后含上一口水，口对口地喂给昏迷中的伤员。

我们在后面会具体讲到特级英雄黄继光的故事。当舍身堵住敌人的机枪眼的黄继光英勇牺牲后，是马旭的战友、只有十六七岁的卫生员王清珍，亲手整理了黄继光烈士的遗容，擦洗干净英雄身上的血迹和被烧煳的皮肉，为他重新换上了一套干净的军装……

战争结束后，无论是吴炯、王清珍，还是马旭，她们都不约而同地表达过这样的意思：在朝鲜战场的每一天，有许许多多的女卫生员，也像黄继光、邱少云这样的英雄一样，无所畏惧，勇往直前，不怕流血，不怕牺牲，敢吃天下最难吃的苦……在她们心中，每一位奔上火线的卫生员，都称得上是“英雄儿女”，都做得很好，也都是“王兰的原型”。

在抗美援朝战场上，我英勇的人民志愿军，先后打了五次大规模的战役。至于一次又一次的“小仗”，对志愿军来说早已成了“家常便饭”。战争淬炼和教育了我们的志愿军战士，志愿军战士们也在一次次战斗中百炼成钢，从胜利走向胜利。

骄横的麦克阿瑟在被迫溃退到清川江南岸，经过了十多天的喘息与休整之后，又野心勃勃地组织和指挥着东西两个重兵集团，西起清川江口，东到赴战岭，成一长蛇阵势，发起了对我军的又一次进攻。

这一次，当进攻的命令发出后，麦克阿瑟乘坐着“斯卡普”号战机，飞临阵地上空视察，还大言不惭地吹嘘道：“放心吧，圣诞节前将结束战争，我的士兵们可以回家吃圣诞大餐了！”

但他没有料到，他的自诩不久后会成为世人皆知的笑柄。他的确是高兴得太早了！

原来，第一次战役刚刚结束，我志愿军就针对麦克阿瑟摆开的“长蛇阵”，来了个将计就计，采取“诱敌深入，歼其侧翼一路”的战略方针。如此一来 ，敌军纵深薄弱，我军就可以在敌后穿插，腰斩这条骄横的“长蛇”。

“嗬，这个打法好！腰斩之后，让他头尾两不相顾，无力挣扎，再打起来就容易多了！”志愿军将士们对这个作战方案个个称好。

当然，光打开战役的“缺口”还不是目的，最终还得有迂回包围，才能达到全歼美军一两个师的目的。

第二次战役关系到整个朝鲜战场的局势，意义非同小可。自然，这也是志愿军将士们在朝鲜战场打得最为惊心动魄和异常惨烈的一场大战。

不知从什么时候起，志愿军首长和战士们都给朝鲜战场上的一些名称加上了“黑”字：雪是“黑雪”；敌机是“黑寡妇”；战斗打完了，也叫作“打黑了”……

1950年11月25日，我军全部完成了对敌的包围。步兵、炮兵的进攻一切就绪……

白茫茫的雪野上一片寂静。雪夜里，空气也像凝固了似的。

26 日零时刚到，红色的信号弹和蓝色的曳光弹腾空而起。紧接着，炮声隆隆，枪声大作，茫茫雪野被一阵阵炮火映得通亮。

总攻开始了……

15 分钟后，38 军传来消息：已突破敌人前沿阵地……

凌晨 4 时半，战斗宣告结束。腰斩敌军的第一步计划完成了，比预定的时间要早。

与此同时，42 军的电报也传来了振奋人心的消息：大获全胜，正按预定计划行动……

“好！打得好！命令各部，马不停蹄，迅速迂回包抄……”“志司”首长说，“我要的是‘包饺子’，是全歼！一只‘羊’也不能放走了！”

多年之后，美国的一位战地作家肖克莱·布莱尔，在他的书中这样描述过 11 月 25 日至 27 日的这场战斗：

……11 月 25 日天黑不久，灾难降临了。约 20 万中国军队穿插进沃克的第八集团军与阿尔蒙德的第十军之间的空隙，向第八集团军的右翼即韩国的第二军发起了攻击。

韩国部队崩溃了，仓皇逃跑，使中部美国第九军暴露出来，先是收缩，然后坚守，最后与左边的第一军一起后退。两天后，11 月 27 日，在东部战场另一支中国集团军攻击了第十军的陆战师，中国军队穿插到背后，将海军陆战队围困在楚新水库地区……尤其令人吃惊的是，中国军队纪律严明，指挥有方，沃克的第八集团军被这突然的袭击完全打晕了头，很快开始全线后撤……

27 日，大雪停了，但气温骤然下降。

冰封大地，北风凛冽，吹在脸上如同冰刀一般……

志愿军战士们按预定路线开始了急行军。

有的已经跑掉了鞋子，于是便赤着脚在冰雪地上疾驰。战士们都明白，如果不能按时迂回，那后果是不堪设想的！

就要接近嘎日岭山口时，走在主力部队前面的将领们，举起望远镜仔细一观察，发现 2 公里外有汽车车灯的亮光。糟糕，敌人如果占领了山口，封锁了通过山口的公路，那可真是一夫当关，万夫莫开了。

当即，首长们下达命令：脱靴跑步，偷偷抢占大山口，要快！占领山口就是迈出了胜利的第一步！

先头部队的勇士们一听，立刻脱掉大头鞋，如同离弦的箭一般，赤足直奔山口而去。

当尖兵连刚刚爬上山口，果然看见敌人的汽车已经迎面开来。

于是，不由分说，机枪、手榴弹纷纷飞向敌人的先头部队，猛烈的火力压住了敌军，使我后续部队及时地通过了山口，直插三所里、龙源里而去……

当我们的部队通过山口后，发现敌人的先头汽车距山口仅有 38 米。

太险了！相差就几秒钟。如果敌人抢先占领山口，那不知我们要付出多大的代价，延误多少时间。我们的志愿军战士，硬是用脚板跑过了敌人的汽车！

28 日清晨，在“志司”作战室里，首长们正焦急地等待着 38 军 113 师的消息。

报务员的额头也汗浇如雨，全神贯注地搜寻着前线的电台讯号。

过了一会儿，报务员突然大叫：“有了！有了！ 38 军 113 师的讯号！”首长们迫不及待地围了上去。报务员激动地报出讯号内容：“我部于上午 8 时到达三所里，先敌

5分钟……"

"想不到！真想不到，这么快就到了三所里！一夜行军145里！奇迹！奇迹啊！"

这时，在阵地上，38军以迅雷不及掩耳之势，全部占领了三所里、龙源里。敌军被迫全线后撤，开始了总的溃退。三所里、龙源里各条公路上，美军的车辆和士兵混夹在一起，夺路逃窜……

"报告首长，38军各部已将敌人全部分割！"

"好！太好了！38军了不起！"

"……337团三连龙源里阻击战和335团三连松骨峰阻击战打得最苦！"

"战士们伤亡程度如何，直说！"

"两个连基本打光了！但是他们完成了任务。"

报话筒里的声音哽咽着，好像再也说不下去了。

的确，敌人见大势已去，便使出了近乎疯狂的招数，出动了数百架轰炸机，对这两个连的阵地轮番轰炸，并用装甲车和坦克掩护成团的兵力疯狂进攻……两个连坚持了6个多小时的阻击战，终于打退了敌人。

这场战役，正如后来人们所读到的魏巍的名篇《谁是最可爱的人》里所描写的那样：战士们在子弹打尽的时候，就用枪托砸，用石头、枪刺，用发烫的刺刀和敌人搏斗！有的身上被汽油弹打着了，便把枪一扔，带着烈火冲上去抱住敌人滚到了一起，紧抱不放，直到和敌人同归于尽……

战斗结束后，打扫战场时，阵地上的枪支几乎都摔碎了。志愿军英雄们的遗体，保留着生前的姿势：有的抱着敌人的腰，有的掐着敌人的脖子，有的咬着敌人的半边耳朵，有的身体被敌人的火焰喷射器烧焦了，手里还紧握着枪刺……

麦克阿瑟的所谓“圣诞攻势”，就这样彻底地被粉碎了。我军东西两线的各个部队乘胜追击，又围歼了大部分溃逃之敌。

12月6日，西线志愿军帮助朝鲜人民军收复了平壤，至12月23日逼近三八线。12月24日，第二次战役胜利结束。

在一次次激烈的战斗中，马旭她们这些卫生员的身影，这些像美丽的金达莱一样的“战地之花”，坚强地绽放在枪林弹雨之中，闪耀着希望的光芒，给受伤的战士们送上生命的慰藉与救护，也送去坚韧、顽强的力量和必胜的信念。

马旭记得，有两次打得最惨烈的、争夺无名高地的战役，敌我双方的火力交织在一起，卫生员根本无法冲到一线去抢救受伤的战友。

因为战斗打得异常惨烈，战士们一批接着一批倒在阵地上。牺牲的志愿军战士和敌人的尸体混在一处，或者是紧紧搂抱在一起，或者是双手紧紧揪掐在一起，几乎无法分开。

为了减少伤亡，刚开始时连里不让女同志上，然而，马旭噙着泪水，与卫生员战友们一起写下了“血书”，坚决要求冲到阵地上去背下受伤的战友。有的卫生员一去没再复返……

还有一次，在硝烟弥漫的阵地上抢救伤员时，马旭发现，有一位志愿军战士的面目已经被烟火烧熏得难以辨认了，她以为这位战士已经牺牲了，就捧起一把雪，想为他擦一擦脸上的烟尘和泥垢……

当马旭的手指触摸到这个战士的手腕时，突然，细心的马旭发现他还有微弱的脉搏。

“天哪！他还活着！还活着！”那一刻，马旭惊喜得双眼涌出了泪水。

“同志，同志，快醒醒！”马旭趴在伤员的耳边呼唤着。

伤员似乎听见了马旭的呼唤，他的眼皮微微动了动。

“来人哪，快来人！”马旭一边呼喊着战友过来帮忙抬伤员，一边捧起一把干净的雪，一口一口喂进这个昏迷的战士的口中……这位志愿军战士就这样幸运地得救了！

如同美丽的金达莱花，向朝鲜的三千里江山和勤劳的人民预示着春天的希望，中国人民志愿军一次次胜仗的喜讯，也给英雄的中国人民志愿军和朝鲜人民军的将士们，给伟大的中国人民和朝鲜人民，带来了争取更大胜利的信念！

第十四章
最可爱的人

《谁是最可爱的人》的作者魏巍，17 岁参加八路军，18 岁加入了中国共产党，是在革命队伍里成长起来的一位“军旅诗人”和“人民作家”。从 1950 年开始，魏巍三次奔赴朝鲜前线，和志愿军战士一起生活在坑道里，战斗在前沿阵地上,采访和了解到了许多志愿军英雄的感人故事。《谁是最可爱的人》里写到的一些故事，就来自马旭所在的这支英雄的志愿军部队。

马旭记得，当时，除了作家魏巍，还有作家刘白羽、豫剧艺术家常香玉等，都来到他们部队采访和慰问演出过。

《谁是最可爱的人》里，写到了这样一个志愿军战士：

有一次，我见到一个战士，在防空洞里，吃一口炒面，就一口雪。我问他："你不觉得苦吗？"他把正送往嘴里的一勺雪收回来，笑了笑，说："怎么能不觉得？我们革命军队又不是个怪物。不过我们的光荣也就在这里。"他把小勺儿干脆放下，兴奋地说："拿吃雪来说吧。我在这里吃雪，正是为了我们祖国的人民不吃雪。他们可以坐在挺豁亮的屋子里，泡上一壶茶，守住个小火炉子，想吃点什么就做点什么。"他又指了指狭小潮湿的防空洞，说，"再比如蹲防空洞吧，多憋闷得慌哩，眼看着外面好好的太阳不能晒，光光的马路不能走。可是我在这里蹲防空洞，祖国的人民就可以不蹲防空洞啊。他们就可以在马路上不慌不忙地走啊。他们想骑车子也行，想走路也行，边溜达边说话也行。只要能使人民得到幸福，就是我们最大的幸福。所以，"他又把雪放到嘴里，像总结似地说，"我在这里流点血不算什么，吃这点苦又算什么哩！"我又问："你想不想祖国啊？”他笑起来：“谁不想哩，说不想，那是假话，可是我不愿意回去。如果回去，祖国的老百姓问，‘我们托付给你们的任务完成得怎么样啦？’我怎么答对呢？我说‘朝鲜半边红，半边黑’，这算什么话呢？”我接着问：“你们经历了这么多危险，吃了这么多苦，你们对祖国对朝鲜有什么要求吗？”他想了一下，才回答我：“我们什么也不要。可是说心里话，我这话可不一定恰当呀。我们是想要这么大的一个东西……”他笑着，用手指比个铜子儿大小，怕我不明白，又说，“一块‘朝鲜解放纪念章’，我们愿意戴在胸脯上，回到咱们的祖国去。”

这样真实的细节，生动地反映出了志愿军战士鲜活的性格、质朴的心灵和高尚的情操。

当时，马旭她们这些卫生员，和我们的志愿军战士一样，经常也是过着“一口炒面一口雪”的生活。

有时候，就是连炒面也不能“敞开吃”。卫生员们会自觉地把自己领到的那份炒面，尽可能地节省一些下来，好让打冲锋的战士多吃几口，让战士们增加一点力气，在阵地上多消灭几个敌人。

朋友们，用不着多举例，你们已经可以了解我们的战士是怎样一种人，这种人有一种什么品质，他们的灵魂多么地美丽和宽广。他们是历史上、世界上第一流的战士，第一流的人！他们是世界上一切伟大人民的优秀之花！是我们值得骄傲的祖国之花，我们以我们的祖国有这样的英雄而骄傲，我们以生在这个英雄的国度而自豪！

一直到晚年，马旭依然能一字不差地背诵出《谁是最可爱的人》里的这些句子。

晚年的时候，马旭每次回忆起在朝鲜战场的日子，尤其是当有的媒体记者也称她是“最可爱的人”，是“英雄儿女”的时候，她总是平静地笑笑说：“不敢当，不敢当。‘最可爱的人’和‘英雄儿女’的称号，是全国人民创造出来，用来表达对志愿军英雄们的敬仰之情的称呼，我们这些战地卫生员，虽然也是志愿军里的一员，但我们只是做了自己应该做的事情。”

但让马旭永远感到自豪的是，她有两位顶天立地的战友，就是后来家喻户晓的志愿军英雄黄继光、邱少云。他们是马旭心中真正的“英雄儿女”，是永远的“最可爱的人”。

这两位志愿军英雄和难忘的战友，他们的英雄故事也是马旭晚年时常应邀去学校和青少年宫给孩子们讲革命传统时总是要讲到的，其中，她讲得最多的还是黄继光的故事。

马旭记得，那是1952年10月，上甘岭战役打响了，黄继光所在的那个营，在与以美军为首的“联合国军”激战了四个昼夜后，奉命要在19日夜晚夺取上甘岭西侧的597.9高地。

当时，在这个狭小的高地上，敌人一天内就发射了30万发炮弹，还用飞机投掷了500枚以上的重型炸弹。紧接着，在上百辆坦克的掩护下，敌人动用了七个营的兵力，向我军阵地冲击了数十次，妄图夺取五圣山，控制山下的一片平原，扭转整个战局。

这时候的上甘岭，已经进入初冬时节。英雄的志愿军战士们就像钢铁巨人一样，坚守着阵地上的每一寸土地。山上的岩石被炸成了黑粉，整个山头快被削平了，所有的树木都被打断，树干冒着青烟，到处是火焰，到处是钢铁和武器的碎片……

19日下午，黄继光跟随营参谋长来到六连，准备参加今夜的反击战。5 时 30 分，出击的时刻到了。营参谋长一声令下，早已等待在坑道口的六连战士，一个个就像离弦的利箭，射出了坑道，向 6 号阵地猛扑过去。

黄继光的心里生出了深深的羡慕，他多想也能像那些冲锋的战友一样，跃出坑道，杀个痛快啊！要知道，他来到朝鲜战场，一直担任着通讯员的工作，有仗也捞不着打，心里憋得难受。

很快，6 号、5 号阵地上发出了红色信号弹。这两个阵地被我军占领后，战斗又在 4 号阵地上激烈地展开了。

战斗打得异常激烈，一个个阵地被我军拿下，到最后，敌我双方争夺的焦点在 0 号阵地了。

这个阵地紧挨着和主峰平行的 10 号阵地，是 597.9 高地的一个制高点。狡猾的敌人十分明白，这个阵地一旦丢掉，不仅反扑的机会没有了，而且 10 号阵地和主峰也难以守住。所以，敌人不惜动用了所有的重型武器，包括十多挺机枪，发了疯似的把通往 0 号阵地的山梁封锁得严严实实的。

时间一小时一小时地过去了，0 号阵地的攻击还是没有进展。

“天亮以前，无论如何也要把这个阵地拿下来，为大部队扫清道路！”参谋长同连长、指导员研究后，果断地组织了九名战士,编成了一个“功臣第六班”,分成三个小组，对敌人的火力点实施爆破。

遗憾的是，三个小组的攻击都没有成功，敌人的火力封锁实在是太严密了！难道就这样眼巴巴地看着敌人逞凶，而夺取不下这个阵地吗？现在离天亮已经没有多少时间了，我们的大部队就要开始行动了……这时候，黄继光瞪着敌人的火力点，愤怒地咬紧了嘴唇。

“参谋长，指导员，让我上吧！”黄继光拔出手雷，用请求的目光看着两位指挥员说。

“你……有把握吗？”

“请放心，我愿意拼上生命试一试！”

“不,黄继光同志,要活着回来！”参谋长命令道，“机枪手，集中火力掩护！”

敌人似乎发现了我军的意图，火力更加密集了。

黄继光动若脱兔，趁着我军机枪猛烈的扫射掩护，竟然奇迹般地穿越了敌人的火力网……

就在这时，一道刺眼的探照灯光照了过来，照射在黄继光身上。顿时，几条火舌交织在一起，向他扫射过来。

“糟糕！是不是中弹了？”

见黄继光猛然趴下不动了，指导员一把揪下了自己的军帽，狠狠地捶着壕沟沿。

双方的火力就像在比赛一样，密集地对射着。所有的战士都屏住了呼吸，一颗颗心都提到了嗓子眼，一双双眼睛都一眨不眨地盯着趴在那里的黄继光。

不一会儿，敌人的探照灯总算熄灭了。只见黄继光一跃而起，朝着目标奋力跃去……

“啊！小黄还活着！还活着！看，他已经快接近敌人的火力点了！”这时候，东方已经现出了鱼肚白。参谋长看了看表，时针快要指上四点，离总攻的时间已经很近了。

此时，黄继光利用一阵手榴弹爆炸的烟雾当掩护，拖着受伤的双腿，一步一步不停地在向敌人的中心火力点接近。

二十步，十五步，十步，五步……好！现在，黄继光离敌人的机枪射击的死角只有四五步远了。忽然，只见黄继光猛地挺起了身子，在敌人的照明弹下，在暴雨一样的机枪扫射中，像一个钢铁般的巨人站立了起来！

只见他高高举起了右手，手雷在火光中闪闪发亮。紧接着，响起了震天动地的爆炸声……“好！成功了！”指导员高兴地一下子跳了起来，正要向前冲去……突然，敌人的机枪又哒哒哒地响了起来，正要准备冲锋的战士，又被敌人密集的扫射压住了！

冲锋再次受阻。这时候，战士们都已经忍耐不住了，一个个争着喊道：“指导员，不能再等待了，让我继续上去吧！”“让我去……”

就在这时，大家突然看见，扑倒在火力点前面的黄继光，又在艰难地、一点一点地往前移动着身子……

他抬起头，摸摸身上，又看了看四周。指导员立刻明白了，黄继光是在寻找武器。可是，他身上一件武器也没有了。

但是，黄继光一刻也没有停下，继续艰难地向前爬动着，爬动着……就在到达火力点一侧的瞬间，突然，黄继光像一座爆发的火山一样，跃身而起，挺起胸膛，张开双臂，朝着敌人的机枪眼扑了上去……正在喷吐的火舌被黄继光用自己的血肉身躯死死地堵住了……

在这一瞬间，指导员飞身跃起，大声喊道：“同志们，冲啊！为黄继光同志报仇！”战士们像愤怒的潮水，呼啸着涌向了敌人盘踞的 0 号阵地……

“为黄继光同志报仇！前进……”

随着一阵呐喊和激烈的枪炮声，我军战士以排山倒海之势，冲上了 0 号阵地，1400 多名美国兵被全部消灭了，胜利的战旗终于插上了 0 号阵地！

当战友们接近了黄继光堵住的那个火力点时，只见他那敦实坚强的身躯，仍然扑在射击孔上，他的双手还紧紧地抓着两边的沙袋。战友们再仔细一看，他的双腿已经被打断了，身上中了七处枪弹，在他的身后，留下了一条十多米长的血迹……

黄继光用年轻的生命为战友们开辟了前进的道路，实现了他生前立下的“不立功，不下战场”的誓言。这个年轻战士的生命，也永远停留在了 21 岁的芳华年龄。

前面我们讲到过，黄继光牺牲后，是马旭的一位卫生员战友，当时只有十六七岁的王清珍，亲手整理了烈士的遗容，擦洗干净英雄身上的血迹，为他重新换上了一套干净的军装……

王清珍完成任务后回到卫生连，把自己的所见所感讲给马旭她们听，马旭和卫生连的战友们都难过得流下了眼泪。

“为了和平,为了祖国,我们一定要向黄继光同志学习,踏着烈士的血迹继续前进！”

“为黄继光同志报仇！再苦再累也不下火线！”

当时,马旭和她的战友们都纷纷向连队递交了决心书。

“上甘岭这一仗，不仅打出了志愿军的军威，也打出了新中国的国威！可以说，也创造了现代战争史上坚守防御作战的范例，给予了志愿军战士们极大的胜利信心。”马旭后来这样回忆说，“上甘岭战役胜利后，黄继光同志舍身堵枪眼的英雄壮举，很快从我们那支部队传扬开去，传遍了整个朝鲜战场。中国人民志愿军总部给他授予了‘特级英雄’称号，这是抗美援朝战争中的最高荣誉。要知道，整个抗美援朝战争中，只有两位志愿军战士被授予了‘特级英雄’,除了黄继光,另一位‘特级英雄’是杨根思烈士。”

无论是在朝鲜战场还是回国之后，马旭一直为自己与黄继光在同一支英雄的部队里并肩战斗过，感到自豪和光荣。

除了黄继光、邱少云这两位英雄的战友，在朝鲜战场上，还有一位战友、一位“最可爱的人”，也悄悄地而且永远地走进了马旭的心中，这个人就是当年的志愿军战士，后来成为马旭终生的战友和伴侣的颜学庸。

颜学庸出生于1933年（与马旭同岁），四川省江津县（今重庆市江津区）人。1950年10月，17岁的颜学庸在家乡光荣入伍，成为某部卫生队的一名卫生员。抗美援朝战争爆发后，入伍不到半年的颜学庸，在1951年2月奉命随部队跨过鸭绿江奔赴朝鲜战场，成为中国人民志愿军的一员，与马旭同在一支部队里。

让颜学庸终生难忘的一次惨烈的战役，无疑也是著名的上甘岭之战。当时，颜学庸在部队里担任后勤补给的任务。

回忆起这场战役，颜学庸记忆犹新。上甘岭战役前后持续鏖战了43天，战斗的惨烈程度前所罕见，每一仗打下来，我们都会失去很多亲爱的战友。颜学庸亲身经历了一次次冲破敌人封锁线，为日夜鏖战在阵地上的战友运送补给和抢救伤员的行动，也目睹了疯狂的敌人一天上百次地向我军阵地发起攻击，一批又一批战友扑倒在火海里，哪怕只剩下几个人，却仍然像坚硬的钉子一样，死死地“钉”在阵地上，顽强地阻击着敌人的惨烈情景。

颜学庸清晰地记得，第五次战役的时候，有一天，他们那支部队所在的阵地上，气温是零下 40 多度。因为要快速地纵深作战，部队的棉衣和粮食供给有时跟不上，有的人都冻伤甚至冻亡了。

但是，志愿军战士们的毅力，比钢铁还要坚硬！在没有空军炮火支援的情况下，战士们用血肉之躯抵挡住装备优良的敌军的一波又一波进攻。战斗发起的前一天，一场大雪刚刚停歇，但气温骤然下降，大地像是冻成了坚硬的冰坨坨，每一阵北风吹过来，都像冰刀一样割在脸面上。一个营的战士冒着严寒，按照预定路线，快速奔袭了整整一夜！

在朝鲜打仗，长途奔袭、急行军，一般都是在黑夜里行动的，白天就在坑道里睡觉、休整。因为白天敌人的飞机太多，到了漆黑的晚上，敌机没法出动，就是志愿军战士自由行动的时刻了。

每一次黑夜里的急行军，都像是一次与死神的赛跑一样。如果不能在天亮以前到达预定地点，就意味着白天定有一场更加惨烈的遭遇战。所以，趁着夜色，就着雪光，战士们只能拼命地奔跑！有的战士跑掉了鞋子，就赤着脚在冰雪地上继续疾驰。

在这样艰苦和残酷的阵地上和急行军途中，志愿军吃的是什么呢？靠什么来维持体力呢？没有别的什么东西，仍然只有一口炒面，就着一口冷雪。

水是十分稀缺的，即使水壶里有点水，也被冻成了冰坨坨。虽然有的战士的口袋里还装着半截萝卜，但是冰天雪地里，萝卜早就冻成了冰疙瘩，哪里咬得动呢！

有时候，颜学庸他们这些负责后勤补给的战士，还有跟在后面的炊事班的战士，也会带着补给甚至挑着饭送到阵地和战壕里去。可是，这样的时候总是伴着牺牲的危险，有不少负责补给的战士和炊事员，在冲过封锁线的时候，被敌人的炮弹连人和饭一起打翻，水袋和水壶也被子弹打穿……所以，平常的日子里，我们的战士只能吃一把炒面就着一把雪，勉强充饥。

作为后勤战线的一名战斗员，颜学庸和他的战友们经受住了一次又一次残酷的战斗考验。

也就是在这样的战火硝烟中，他和马旭结识了。

他们本来就是与黄继光、邱少云同在一支部队的战友。马旭作为一名卫生员，平日里也是和战士们战斗在一起的，也许，他们早就见过很多次面，但都是作为同一个战壕里的战友和兄弟姐妹相处的，并没有单独的交往。

马旭第一次给颜学庸留下深刻印象的，不是一个卫生员的形象，而是一个“文艺兵”的印象。

原来，马旭她们这些卫生员，就跟电影《上甘岭》里描写的卫生员王兰一样，除了在战场上做救护伤员的卫生工作外，战斗间隙还会给战友们唱歌、表演节目，把战地护理和心理安慰、精神鼓舞融合在一起，目的只有一个，让我们负伤的战士减少疼痛、战胜伤痛，尽早痊愈，重返战场。

在卫生连的战友中，马旭的嗓音是公认的比较甜美的，所以她常常自编自演一些歌舞，甚至把自己小时候跟妈妈学过的《花木兰》《杨门女将》等大鼓书的歌词，演唱给战友们听和看。

时间一长，有的战士竟然亲切地称马旭为“战地小百灵”。马旭留给颜学庸最初的印象，就是这样一个“战地小百灵”。

说起来，作为卫生员的马旭，还能身兼“战地小百灵”的“角色”，一方面得益于小时候受到会说大鼓书的妈妈的熏染，另一方面，也与祖国派到朝鲜来慰问志愿军的文艺家们的一次演出有关。

我们的很多志愿军战士，从小都熟悉巾帼英雄花木兰替父从军、保家卫国的故事。在花木兰的故事里，凝聚着我们中华民族的精气神，流淌着热气腾腾的爱国主义血脉。马旭从小就在妈妈说的大鼓书里知道了这个故事。

豫剧《花木兰》里的一曲《谁说女子不如男》，经过豫剧表演艺术家常香玉的演唱，传遍了祖国的大江南北、千家万户，激发着每一个中国人的民族自豪感和爱国热情。

1952 年，常香玉获得批准，作为祖国派往朝鲜的慰问团成员之一，带着“香玉剧社”奔赴抗美援朝前线，为志愿军战士们演出。

马旭、颜学庸都有幸在战壕里，亲眼看过和听过常香玉的慰问演出，也从部队首长们口中知道了常香玉节衣缩食为志愿军捐献战斗机的事迹。

“男子打仗到边关，女子纺织在家园。白天去种地，夜晚来纺棉……”当她铿锵有力的歌声在战壕里响起的时候，志愿军将士们都受到了极大的鼓舞，仿佛祖国和亲人就站在他们身边。

正是常香玉那铿锵有力、慷慨激昂的“花木兰”的声音，给了马旭极大的振奋，也重新唤醒了她儿时对作为鼓书艺人的妈妈口中的“花木兰”的形象的记忆。于是，她作为一名“战地小百灵”，给战友们演唱的热情和自信心，也更为强烈了。

当然，这时候，身在抗美援朝前线的马旭，并不知道，自己家乡木兰的乡亲们，像常香玉一样，男女老少，家家户户，也在节衣缩食，勤奋生产，全力支援着在朝鲜打仗的志愿军们。

除了我们在前面讲到过的，抗美援朝初期，木兰县人民为支援前线作出的巨大贡献。在那之后，木兰县又陆续组织了多支赴朝担架队和各类支前民工队伍。

现在，让我们再回到《谁是最可爱的人》里，重温作家魏巍在结尾写下的那段深情的文字：

亲爱的朋友们，当你坐上早晨第一列电车驰向工厂的时候，当你扛上犁耙走向田野的时候，当你喝完一杯豆浆、提着书包走向学校的时候，当你坐到办公桌前开始这一天工作的时候，当你往孩子口里塞苹果的时候，当你和爱人一起散步的时候……朋友，你是否意识到你是在幸福之中呢？你也许很惊讶地说："这是很平常的呀！"可是，从朝鲜归来的人，会知道你正生活在幸福中。请你意识到这是一种幸福吧，因为只有你意识到这一点，你才能更深刻了解我们的战士在朝鲜奋不顾身的原因。……他们确实是我们最可爱的人！

第十五章
祖国，我回来了！

凡是当过志愿军战士、上过朝鲜战场的人，无一例外，那段雪白血红的岁月，都成了他们一生中最为刻骨铭心的记忆。

这记忆里有无怨无悔的骄傲。无数的志愿军战士在每一个阵地上，用年轻的血肉之躯筑成了一道打不垮、攻不破的“钢铁长城”。

这记忆里也有锥心的痛惜。狂妄的美军凭仗着自己手中有精良武器，例如喷火器、燃烧弹还有成群的战斗机等，顷刻间就把我们的战士烧成了“火人”；数不清的炮弹落在我们的阵地上，狂轰滥炸，多少战士的血肉之躯，瞬间化作了焦炭和碎片……

惨烈的战争场面，敌我双方武器优劣的悬殊对比，在马旭心上留下了触目惊心的一幕幕！

志愿军战士们把成群成群飞来的敌机，叫作“黑寡妇”。每一次，马旭看到“黑寡妇”趾高气扬地飞过我军的阵地时，她就忍不住想：什么时候，我们的军队也能拥有这么多的战斗机啊？要是我们的国家能早日拥有一支无比强大的空军力量，该有多好啊！到那时候，管教这些该死的“黑寡妇”有来无回，它们敢飞来十架，就狠狠地打下它五双！

在朝鲜战场上，她不知道有多少次这样痴痴地想象过。

有一次，她和卫生员战友们亲眼看到，丧心病狂的美国军队，接连不断地向我们的阵地上投放燃烧弹，我们的战士一个个被活活地烧成了“火人”……当时，她和卫生员们感觉自己的肺都要被气炸了一样！

还有一次，惨无人道的敌人又对我们的阵地使用了喷火器和燃烧弹这些极度残忍的武器，战士们伤亡惨重。卫生员们在全力抢救受伤的战士时，有的卫生员看到战士被烧伤的惨状，心疼得哭出了声……

一位首长双眼通红，紧紧地捏着拳头，对马旭和她的战友们说："你们不要哭，这时候，眼泪没有用处！你们已经看到了，并且要永远记住，敌人为什么会这样嚣张、狂妄？不就是仗着他们手上有重武器吗？他们甚至还叫嚣着，要用核武器威胁我们！现在，早已不再是用小米加步枪打日本侵略者的时代了！我们的国家要想真正独立和强大起来，不再受帝国主义的欺负和威胁，中华民族想要真正自立于世界,就必须拥有自己强大的国防！你们记住了，等战争结束了，我们一定要各自贡献自己的力量，去发展我们自己的尖端武器！我们也应该拥有自己强大的战斗机和空降兵，拥有我们自己的燃烧弹和原子弹！"

这是马旭第一次从一位首长口中，听到这样一番话。

这番话就像种子一样，从此埋在了马旭的心底，也让她明白了一个生存的真理：要想不受帝国主义的欺负和威胁，我们的国家必须拥有自己强大的国防力量！什么燃烧弹、大炮、战斗机、空降兵，还有原子弹，都必须有，一样都不能少！

在上甘岭战役壮烈牺牲的战友中，还有一位英雄的志愿军排长孙占元，他的英雄事迹，令马旭终生难忘。一直到了晚年，只要一想起孙占元来，马旭仍然会感到锥心般的疼痛和难受。

孙占元是河南林县（今林州市）人。他在战斗中多次负伤，光是马旭就不知为他包扎过多少次伤口了。孙占元还曾亲口告诉过马旭，他是个孤儿，从小在苦水里泡大，是共产党把他从苦海里救了出来。孙占元 21 岁在家乡参军，23 岁就加入了中国共产党。到了朝鲜战场后，他先是当班长，牺牲前已经是一个英雄排的排长了。所以，在马旭眼里，孙占元俨然是一位“老革命”了。

1952 年 10 月 14 日，在上甘岭战役反攻 597.9 高地 2 号阵地的战斗中，孙占元奉命带领一个突击排，担任一项最关键的突击任务。当天 17 时 30 分，突击排进入了位于上甘岭主峰的 2 号阵地坑道内，隐蔽待命。19 时，攻击战打响了。敌军集中火力向孙占元所在的这个突击排发起了疯狂的反击，子弹、炮弹像雨点一样，密集地落在阵地上。

战斗中，孙占元本来还没有痊愈的腿部，又负了重伤！

为了不影响战士的士气，孙占元镇定地指挥着战斗。

负责爆破任务的战士易才学突然发觉排长的声音变得颤抖，脸颊上滚动着大颗的汗珠。

易才学发现，排长的腿已经被打断了，右膝盖骨露出了骨碴，只有一层皮连在那里，腿下的大片泥土已被鲜血染红。

易才学赶紧吩咐战友快把排长背到后面的壕沟去！

当时马旭和另一位卫生员刚把一个伤员背到了那个壕沟里，正在做包扎处理。

孙占元摇了摇头，忍着剧痛说："不必了，同志们，我是排长，任务没有完成，怎么能在这个时候退下火线？赶快准备掩护爆破的火力！"

这时候，夜色已经黑下来了。孙占元让战士们隐蔽好，等待出击，自己带着一挺重机枪，掩护易才学去执行爆破任务。

孙占元拖着鲜血淋漓已经失去知觉的伤腿，爬行到了一个观察点，仔细地观察了一番敌人的火力分布后，就命令易才学去爆破敌军最后一个火力发射点。

然后，他把因为极度的痛楚而抽搐、扭曲的脸颊，紧紧贴在机枪托上，朝着敌军猛烈地开火，掩护着易才学去执行爆破任务。

等易才学炸毁了敌人的地堡火力点，再回到刚才孙占元所在的位置时，却找不到排长的身影了。

易才学大声呼喊着排长的名字，却听不到任何回答。借着远处炮弹的火光，他突然发现了孙排长血迹斑斑的身躯。靠近一看，孙排长的身下还压着一个敌人，前后左右倒下了七具敌人的尸体！

原来，就在易才学前去执行爆破任务的时候，孙占元与趁着夜色摸到了跟前的敌人展开了一场肉搏战。两条腿都已经被炸断的孙占元，把所有的弹药都用尽了，在生命的最后一刻，当敌人扑到身边时，他拖着残腿滚入了敌群，拉响了最后一颗手雷，与围成一团的敌人同归于尽！

易才学双眼喷火，高呼着为孙排长报仇的口号，和战友们一起向着 2 号阵地发起了暴风骤雨般的突击。战友们一鼓作气收复了阵地，胜利地完成了突击任务。可是，共产党员孙占元，却把一腔热血洒在了上甘岭的阵地上！

马旭从易才学口中听到孙排长牺牲的消息后，悲痛得咬破了自己的嘴唇！

马旭和卫生连的战友们一起，亲手为孙占元擦去了身上的血迹，换上了一身干净的军装。看到孙占元被打断的只有皮肉相连的双腿时，马旭和几个女兵都难过得哭出了声……

“孙占元”这个名字，在抗美援朝战争结束后，被人们和黄继光、杨根思、邱少云、杨连第的名字并列，称为抗美援朝“五大烈士”。

1953 年 1 月 7 日，新华社记者采写了一篇特写《孙占元与易才学》，刊登在《人民日报》上，详细地记录了孙占元牺牲时那次战斗的情景。

马旭记得，她曾把当年的这张报纸保存了很多年，后来不知遗落在什么地方了。但孙占元烈士的音容笑貌，永远清晰地印在她的心里，也永远活在她的记忆里。

1951 年 1 月 4 日，我英勇的志愿军攻占汉城，新华社向全世界发出了这个振奋人心的报道。20 天后，一向骄横狂妄的麦克阿瑟，灰溜溜地离开了朝鲜战场。仅仅半年之后，1951 年 6 月 30 日，麦克阿瑟的继任李奇微便奉杜鲁门的指令，通过新闻媒介向中朝军队发出了要求停战谈判的声明。

从此，朝鲜战场结束了大的运动战时期，而进入谈谈打打、边谈边打的僵持局面。

战火虽然暂时停息了，但是，美丽的朝鲜半岛早已是满目疮痍，到处是燃烧之后的村庄和被炮火摧毁的建筑物。美帝国主义侵略者点燃的战火，把朝鲜美丽的三千里江山几乎变成了一片焦土！

旷日持久的“谈谈打打”，一直拖到了1952年年底。虽然战争在一些前沿阵地上仍然处在胶着状态，但这时候，大家心里都明白一个道理：美国侵略者用武力实现不了的阴谋，也休想用假谈判、真备战的方式幻想得到。

这个阶段一直延续了两年之久，战线基本稳定在三八线附近。1953年7月27日，朝鲜停战协定终于在板门店签署。

一场从朝鲜三八线上爆发的战争，经中国人民志愿军和朝鲜人民军并肩作战、顽强抵抗，在历经二年九个月后，终于又在三八线附近宣告结束。

抗美援朝的战火停息后，中国人民志愿军将士陆续分批返回祖国，直到1958年10月25日，最后一批志愿军部队撤离朝鲜。这天上午，30万朝鲜人民涌向平壤车站广场，载歌载舞欢送志愿军回国。翌日,志愿军总部发表公报宣布:中国人民志愿军已全部撤离完毕。至此，中国人民的抗美援朝终于胜利结束。

中国人民志愿军在这场抗美援朝、保家卫国的伟大斗争中，打出了新中国的“国威”，也打出了新中国军人的“军威”，被誉为新中国的“立国之战”。英勇的志愿军将士不愧为中国人民的英雄儿女,不愧为中国人民心中“最可爱的人”,他们用自己的热血和生命所建立的丰功伟绩，将与日月同辉，永载中华民族的史册。

1954 年初，马旭从朝鲜回到祖国。这时候她虽然还处在 21 岁的芳华年龄，但她和众多年轻的女兵一道，经受住了三年多的血与火的洗礼、生与死的考验。就像魏巍《谁是最可爱的人》里写到的那位“什么也不要”，只想要“这么大的一个东西”，即一块“朝鲜解放纪念章”，愿意把它戴在胸脯上回到祖国去的小战士一样，马旭也戴着这样一枚光荣的纪念章，回到了祖国母亲的怀抱。

除了一枚金灿灿的“抗美援朝纪念章”外，她还荣获了一枚“保卫和平纪念章”和一枚朝鲜政府颁发的“三等功勋奖章”。

跟马旭一样，马旭的战友和未来的恋人颜学庸，作为后勤战线的一名战斗员，也光荣地获得了“抗美援朝纪念章”“保卫和平纪念章”和一枚“三等功勋奖章”。

“祖国，我回来了！”

“祖国母亲，我们回来了！”

当时，也是从朝鲜战场上凯旋的一位志愿军战士、军旅诗人未央，满怀胜利和自豪的激情，写下了一首抒情诗《祖国，我回来了》，抒发出了每一位志愿军将士的真实的心声。当时，很多志愿军战士都在竞相传诵这首诗歌。

车过鸭绿江，
好像飞一样。
祖国，我回来了，
祖国，我的亲娘！
我看见你正在
向你远离膝下的儿子招手。

车过鸭绿江，
好像飞一样；

但还是不够快呀！
我的车呀，
你为什么这么慢？
一点也不懂得
儿女的心肠！
……
老人们都说：
孩儿不离娘，
祖国呀，
在前线
我真想念你！
但我记住一支苏维埃的歌：
“假如母亲问我去哪里，
去做什么事情，
我说，我要为祖国而战斗，
保卫你呀，亲爱的母亲！……”

车过鸭绿江，
好像飞一样。

祖国，我回来了，

祖国，我的亲娘！

……

马旭第一次从颜学庸等战友的口中，听到这首感情真挚、豪情满怀的诗歌时，不禁心潮澎湃，眼睛顿时湿润了。

从朝鲜甫一回国，1954 年 7 月，21 岁的颜学庸光荣地加入了中国共产党；同样是 21 岁的马旭，由部队保送到了中国人民解放军第一军医大学，继续深造医学专业。

欢欣的背后也有忧伤。从朝鲜战场回来后，马旭又收到弟弟的一封信。从弟弟的信中得知，妈妈和姥爷在一年前已经相继去世。

妈妈和姥爷生前对马旭疼爱有加，但两位长辈都深明大义，知道马旭在朝鲜当志愿军，是为了保家卫国。

“有国才有家啊！”妈妈在病重的日子里还叮嘱马旭的弟弟说，“千万不要把我病重的事情告诉姐姐，免得她揪心、分心，你告诉姐姐，要她在前方好好工作，多打胜仗，妈妈等着她胸前戴着光荣花回来……”

妈妈和姥爷，最终都没能见上最疼爱的女儿和外孙女一面，就永远地离开了人世。这是留在马旭心中的一份永远的愧痛。

后来，一直到1976年，父母亲和姥爷墓木已拱的时候，马旭才有机会重返故乡，回到木兰达河畔她小时候生活过的那个小村里，为父母亲和姥爷重新修葺了坟墓。

在父母亲坟前的石碑上，马旭请当地的匠人镌刻下了这样两行碑文：为人类贡献一切，为革命万古长青。

真挚、质朴的碑文，也隐隐透露出一位少小离家的女儿、一位把自己的一切交给了祖国的革命战士“忠孝难以两全”的心迹。

没有见上母亲最后一面，成了马旭生命中最大的遗憾。后来每每说起自己的母亲，马旭总会眼含泪花，喃喃地感念道：“我得感谢我的母亲，如果不是她送我去了自己的队伍，就没有我的今天。”

面向北方的家乡，马旭擦干眼泪，整理好背包，朝着祖国母亲召唤她的地方，坚定地奔去……

伟大的共和国瑰丽的建设画卷，正在马旭、颜学庸这一代年轻的革命战士面前，徐徐地展开。

“向前，向前，向前，我们的队伍向太阳。脚踏着祖国的大地，背负着民族的希望，我们是一支不可战胜的力量……”

一对从战火中走过来的英雄儿女，和他们英勇顽强的战友们一道，又开始踏上了新的征途……

第十六章
“第四高度”

“祖国，我回来了，祖国，我的亲娘！……”

在回到祖国最初的日子里，马旭的心里总是回旋着这几句诗歌。

和平的日子是多么好啊！新中国的春天，阳光是多么明媚啊！走在熙熙攘攘处处回荡着欢声笑语的大街上，感受着全国人民扬眉吐气、意气风发地奔向社会主义建设的康庄大道的时代气息，年轻的马旭感到自己热血沸腾，一颗年轻的心也渴望着在天上飞翔……

是啊，一切都是那么的亲切、美丽，蓬勃向上，充满朝气；一切都是那么的年轻、明朗，给人一种扬眉吐气的自豪感！

啊，早安！刚刚走下脚手架的建筑工人们！共和国绯红的黎明，为你们披上了一身华贵的衣衫……啊，早安！风尘仆仆的环卫女工！温柔的夜色，刚刚滑下你们辛劳的臂膀和你们饱经风霜的红颜……

啊，早安！所有的、所有的劳动者！无论你们是来自郊区、校园、机关、写字楼和沸腾的矿山，还是来自军营、实验室、热闹的集贸市场和工厂车间……无论你们是商店里的售货员、人民教师、治安员，还是医生、律师、电车司机、绿衣邮递员……

每个人虽然岗位平凡却都志向高远；每个人，都满怀着把一切力量献给国家和社会的热情！啊，美丽的国家！伟大的人民！站在祖国玫瑰色的晨光里，马旭的心情是多么的激动啊！

她的心里，情不自禁地升腾起一种崇高的感情：生在这样一个伟大的、从无尽的苦难中浴火重生的国度里，是多么的光荣和骄傲啊！她在心里暗暗地立下了一个誓愿：

谁言寸草心，报得三春晖！今生今世，我一定要把自己所有的智慧和力量，毫无保留地献给我们的祖国母亲，献给我们的亲如兄弟姐妹一样的人民！

祖国，原本就不是一个抽象的和不可捉摸的概念，而是一个比一切词汇都要丰富和具体、都要亲切和可爱的巨大的存在。经历了东北的解放战争、抗美援朝战争之后，马旭深深地感到了“祖国”“和平”“人民”“幸福”这些字眼在她心中的分量。

对于他们这一代新中国的青年人来说，祖国是什么？祖国就是他们脚下广阔的大地，是他们头上蔚蓝色的和平的天空；是他们手中的齿轮、镰刀和麦穗；祖国也是黎明的钟声，大海上的汽笛，是生活在这片 960 万平方公里的神圣的国土上的每一个人、每一天朝夕相依的水、阳光和空气；祖国也是爱国诗人屈原、陆游、辛弃疾呕心沥血的诗篇，是岳飞背上刺着的“尽忠报国”的红字，是甲午海战隆隆的回声；是红军、八路军、新四军、解放军、志愿军们手中的钢枪和旗帜，是天安门城楼和高大的人民英雄纪念碑；祖国也是雄壮的黄山、黄河、长城、长江，是松花江两岸广阔的东北大地，是黄土高原、华北平原、江汉平原，是崭新的中国殷红的版图；祖国是一片家园、一声呼唤，是透过时空的天堑而深情地注视着我们、祝福着我们的祖辈和父辈的深沉的目光……

这些日子里，马旭和颜学庸原本的战友情谊，也在悄悄地发生变化。花前月下，风中雨中，在两个朝气蓬勃的年轻人的心里，爱的篝火正在悄悄燃烧。

逢到星期日和节假日，两个人也会像别的恋人一样，携手漫步在公园和游乐场里，或者一起走进书店、图书馆和剧场里。

“颜学庸，你读的书比我多，你说说，一个人，拥有什么金银财宝，能比拥有一个又伟大又美丽、热火朝天地建设社会主义的祖国，更让人幸福，更值得我们自豪的呢？”

“你说得对呀！即使是从事着最平凡的劳动的人，只要一想到，是在自己祖国的土地上生活和劳动着，我想，每一个人立刻就会产生一种用不完的力气，就像马克思青年时代在一篇文章里所写的，那时候，人们感到的就不是一种有限的、可怜的和自私的乐趣，任何困难也不能把我们压倒。因为我们是在为自己的祖国、为千百万人的幸福而工作、奋斗着。你说呢？”

“你是共产党员，还是你的觉悟高！”马旭笑笑说，“不知你有没有这样的感受，像我们这些参加过解放战争、抗美援朝战争的人，能够活到今天，生活在祖国和平的日子里，实在是太幸福和太幸运啦！越是这时候，不知怎的，我越是会想到黄继光、孙占元那些牺牲在战场上的战友……”

“何止是一个黄继光、一个孙占元！你想想，正是为了今天，为了更多的阶级兄弟和姐妹，能够拥有一个真正属于自己的祥和的家园，为了我们将来的一代代子孙，能够扬眉吐气地在自己祖国的土地上和天空下欢笑，我们有多少可敬可爱的父辈和同辈的战友，宁愿自己倒在敌人的炮火前……”

“是呀，有谁活得像他们那样单纯和无私过呢？听从着党和祖国的命令，跟着一杆红旗走，再苦再累，不怕牺牲，哪怕是刀枪顶在胸前、压在脖子上，也决不退后！想一想他们，我们还有什么不知足、不满意的事情呢？我们还有什么理由，不努力去为国家工作、去为人民多做贡献呢？”

“说得好呀，马旭，自从我认识你以后，我能感到，你进步很快，越来越像个革命战士了！”颜学庸笑着鼓励马旭说。

“什么叫‘像个革命战士’？我本来就是个革命战士！”马旭故意抢白道，“你别忘了，算起来，我参加革命的时间比你要早半年哪！”

“哦，好，好，你是‘老革命’，我是‘后来者’，行了吧？”说到这里，颜学庸又笑着问道，“那我考考你，一个革命者的人生，需要经历‘四个高度’，你知道是哪四个高度吗？”

“四个高度？好像在哪里看到过的。”马旭转动着明亮的眸子，一下子想不起是从哪里看到过这样一个说法了，“要不就是从哪里听到过。”

“现在，我来给你揭晓答案。”说着，颜学庸从自己的军用书包里掏出一本崭新的书，递给了马旭，“给，最新出版的，《古丽雅的道路》！”

“对呀！就是《古丽雅的道路》里说的，教导员大姐给我们讲过。”马旭欣喜地接过颜学庸送给她的这本新书，一眼就看到了书的封面上，在“古丽雅的道路”这个书名下面，还有用括号括起来的四个字：第四高度。

“想起来了，一个革命者的‘四个高度’，就是入队、入团、入党，还有……还有……”

“还有‘第四高度’，就是为祖国建立功勋！”颜学庸提醒她说。

“对对，没错，为祖国建立功勋！”

马旭和颜学庸谈论的古丽雅，是苏联女作家伊琳娜写的《古丽雅的道路》这部小说的女主人公。古丽雅从小性格活泼、开朗，还是儿童剧院里的一个多才多艺的小演员。她在家长、老师和社会的教育引导下，通过日常生活中的一件件小事，不断磨炼自己的意志，逐步成长为一位关心他人、意志坚强、坚韧果断、富有理想、热爱祖国的优秀青年。因为不断进步，她出色地跨越了人生的第一个和第二个高度，从一名少年先锋队员，成为青年团员。

卫国战争爆发时，古丽雅已经是一位年轻的母亲了。为了保卫自己的祖国，打击德国法西斯强盗，古丽雅听从祖国的召唤，毅然抛下年幼的儿子，奔赴到保卫祖国的战场上，从事战地救护工作。在枪林弹雨的阵地上，古丽雅经受住了最严峻的考验，在火线上加入了共产党，成为一名光荣的“布尔什维克”，跨越了自己人生的第三个高度。

不久，震惊世界的斯大林格勒保卫战开始了。祖国的尊严和胜利高于一切。为了夺回被德军占领的“五六·八高地”，古丽雅奋不顾身，勇往直前，在战斗中献出了自己年轻和宝贵的生命，她以自己壮烈的献身精神，再次完成了一个更高的人生高度——为了祖国，不惜献出宝贵的生命！

书名中的“第四高度”，指的就是古丽雅英勇殉国的壮举所达到的最后的精神高度。

马旭心中的那位“引路人”——教导员大姐，当时就是把古丽雅作为战地卫生员的一个榜样，讲给马旭她们这些卫生员听的。

“哦，第四高度，第四高度……”捧着颜学庸送给她的这本新书，马旭小声地念叨着，好像正在心里问着自己：你能做到吗？能做到吗？能攀登上像古丽雅这样的高度吗？

战火纷飞的年月里，马旭没有机会读到更多的书。

但在这些日子里，她和颜学庸一起，不时地进出书店和图书馆，“恶补”了不少功课，特别是读到了不少以前只是听教导员大姐口头讲过的苏联小说和英雄故事。

也许是在野战部队里待久了，骨子里早已习惯了南征北战和战火纷飞的日子，所以，马旭在被部队保送到第一军医大学深造的那段时间里，竟然常常想念起那些长途行军、军号嘹亮的野战生活。

结束了在第一军医大学的深造之后，她被分配到了武汉陆军总医院工作。

也就在这个时期，她和颜学庸共同栽培的那棵爱情之树，也开出了美丽的花朵。两个心心相印的、有着共同的志趣和理想的革命战友，喜结连理，成为一对知心爱人。

在那个物质比较匮乏的年代里，像马旭和颜学庸这样的战友加伴侣的“革命夫妻”，虽然也会讲究一点新婚的所谓“仪式感”，但大都是简约和朴素得不能再简约、再朴素。

没有新婚的嫁衣，也没有宴请双方的亲朋好友。无非是在一间简易的军营宿舍里，把两个人的被褥和日常用品合到了一起而已。女战友们给一对新人剪出了几幅大红喜字，贴在窗户和墙壁上；马旭把自己事先买来的两尺红头绳，系在头发上；组织上为他们买来了一点瓜子和糖果，分给前来祝贺和“道喜”的战友们……

新婚之日，这两位青年军人竟然心有灵犀，做出了一个共同的决定：把两个人的日常生活费用，尽量减到最低的限度，这样就可以把节省下来的薪水存起来，在合适的时机回报各自的家乡。

“现在看来，我的家乡的生活条件，比你的家乡要好一些呢。”颜学庸到底是一个大度的男子汉，他笑着对马旭说，“等我们存下了一点钱，还是先回报你的家乡吧。无论是解放战争，还是抗美援朝，你的家乡都为国家做出了巨大的贡献和牺牲。”

“是呀，我是喝着木兰达河水、吃着木兰达河畔和鸡冠山上的野菜长大的，对家乡的恩情，我用一辈子也报答不完哪！”

新婚的日子里，马旭看上去是那么的娇羞，小鸟依人一样，跟颜学庸平时眼里的那个什么事都不肯服输的女兵，判若两人。

“一辈子报答不完，那就用两辈子。”颜学庸还是笑着安慰马旭说。

“一个人一生就是一辈子，哪来的两辈子？”马旭娇嗔道。

“你一个人是一辈子，加上我的，不就是两辈子吗？”

马旭听了，恍然大悟：“对呀，真是两辈子呢！”

在后来漫长的生涯中，马旭和颜学庸心心相印、妇唱夫随，两个人果然把各自毕生的热情、心血和力量，加上他们全部的积蓄，都贡献给了马旭的家乡木兰县，贡献给了木兰县的儿童教育事业，实现了夫妻俩当初半带戏言的要用“两辈子”去报答家乡人民的承诺。当然，这是后话，我们在后面还会详细讲述。

就在马旭新婚不久，有一天，她从《解放军报》上看到了一篇空军英雄杜凤瑞的事迹报道，心里久久难以平静下来……

第十七章
鹰击长空

如果你去过河南省方城县，那里的人们也许会告诉你，方城县城的一条主街“凤瑞路”的来历。原来，这是为了纪念方城人民的一位好儿子、新中国的一位空军英雄杜凤瑞烈士而命名的。

杜凤瑞，1933 年 8 月出生在河南省方城县杨楼乡赵洼村的一个贫苦家庭里。1947 年，杜凤瑞的家乡解放了，这个十几岁的少年报名参加了中国人民解放军，跟着毛主席领导的人民军队，相继参加了宛东战役、淮海战役、渡江战役等，在血与火的战场上，很快就成长为一名坚强的革命战士。

1950 年，杜凤瑞随部队来到了地处祖国西南边陲的云南，参加了解放大西南和剿匪的任务。

有一次，杜凤瑞执行任务，在经过昆明机场时，看见飞机场上停着几架“战鹰”——当时，他和战友们把我军的飞机都称作“战鹰”。一看到“战鹰”，他马上就想起了参加宛东战役时，亲眼见到国民党的飞机在空中耀武扬威不可一世的样子。当时，敌机飞过村庄时，直接把炸弹扔到村庄里，把整个村子炸成了一片火海……渡江战役后，他随大军继续南下时，又亲眼见过国民党的飞机尾随着部队狂轰滥炸，甚至一边低空飞翔一边用机枪扫射的情景……

“要是我们也能驾驶着自己的战机，去跟这帮敌军拼一拼，该多带劲啊！”当时杜凤瑞看着国民党军队的飞机大摇大摆地来来去去，眼睛里冒出了烈火！“他们这是在欺负我们没有强大的空军力量哪！”

那天，马旭一边仔细地读着《解放军报》上刊登的杜凤瑞的故事，一边想：这样的情景，我们也没有少见哪！

在东北战场上，国民党军队的飞机，不是也曾直接掠过一些屯子上空，制造了不少“无人区”吗？在抗美援朝的战场上，美国空军那成群结队的“黑寡妇”轰炸机，炸死了我们多少志愿军战士，炸死了多少无辜的朝鲜老百姓啊！可惜的是，我们自己的战斗机太少太少了！不仅缺少战斗机，更缺少技术过硬的飞行员……

有多少次，眼睁睁地望着美国的轰炸机，像下冰雹一样往我们的阵地上扔炸弹、用机枪扫射，我们却没有招架之力！马旭和战友们气得也跟杜凤瑞一样，眼睛里直冒火！

杜凤瑞知道，要想驾驶“战鹰”，首先得有文化。那一次，杜凤瑞从昆明回来后，就开始暗暗下功夫了。在大西南剿匪的日子里，杜凤瑞一有空就坚持学习文化，悄悄地为未来的日子做着准备。

果然，这个日子很快就到来了。

1952年3月，毛泽东主席发出了“创建强大的人民空军”的号召，杜凤瑞因为各方面的素质都很优秀，被光荣地选调为飞行学员，进入航空学校学习飞行。一个放牛娃出身的穷孩子，竟然成了共和国光荣的空军战士，杜凤瑞从内心里感到无比的自豪！

这年春天，杜凤瑞和战友们一道，第一次穿上飞行员的服装——黑色的皮夹克，来到长春航空预备学校，开始了航空知识的学习。他以超出别人数倍的勤奋和刻苦，很快攻克了“文化关”。而且不到一年的时间里，杜凤瑞就能单独驾驶着人民空军的“战鹰”，飞翔在祖国的蓝天上了。

“真叫人羡慕啊！这个杜凤瑞，最开始时的文化水平还没我高哪，竟然当上了人民空军的飞行员！”马旭把自己内心的羡慕讲给颜学庸听，颜学庸在一旁笑着说：“你没听人经常说吗？‘有志者事竟成’，新中国的人民战士，只要胸怀远大理想，没有什么事情是做不成的！”

“这么说，如果我也想去当一名飞行员，只要敢立下这个志向，有一天也能如愿以偿？”马旭望着正在看书的丈夫，突然这样问道。

“你……也想去当一名飞行员？”颜学庸睁大眼睛，吃惊地望了望马旭，旋即给她泼了瓢冷水，说，“我看你还是专心当你的军医吧，我可听到你们医院的同事对你的评价了，说你是你们科室的‘一把刀’，这个评价不低呀！”

“那当然，要不然，上级领导怎么会让我做陈将军的主刀医生。”

马旭口里的“陈将军”，是新中国的开国将军之一。有一次，陈将军身体有恙，需要做一次手术。陆军总医院领导经过商量，“点将”让马旭主刀。由此可见同事们给予马旭“一把刀”的美誉，并非虚言。

“如果离开了陆军总医院，那也意味着要放弃自己的医术，重起炉灶，你难道不觉得可惜吗？”颜学庸说的也是实情。

“可惜肯定是有点可惜的。”马旭说，“革命军人，不能总想着‘吃老本’，要多立新功嘛！你忘了在部队里，首长是怎么教育我们的啦？”

“嗯，是要不断地去立新功，这个没错！不过……”颜学庸继续说道，“当飞行员，离开地面，到空中执行任务，那是需要很多很多基本条件的。”

“很多很多基本条件？比如说呢？”

“比如说，最起码的体重、身高、血压、肺活量……这些你都够吗？”颜学庸笑着说。

“刚刚你还说什么‘有志者事竟成’的，不够可以加强锻炼嘛！”马旭说，“1951年，部队在全国挑选首批女飞行员的时候，我要不是在朝鲜，肯定也会去报名的。后来知道了，那一批一下子选出了55名女飞行员，可把我羡慕得不行了！”

“那55名也不全是飞行员，其中也有在地面担任空中通信员、机械师什么的。”

“那也值得羡慕！反正是跟飞行沾边儿的。”

“你呀，永远都是喝着‘东北风’长大的女同志的性格，比我们四川的女同志还要‘火辣’！”

“这可不叫‘火辣’。用我们一位老政委的说法，这叫‘巾帼英气’！”

“好，好，就叫‘巾帼英气’！”

小夫妻俩的每次谈话，多半都是以颜学庸“甘拜下风”结束。马旭继续沉浸在杜凤瑞的故事里……

1958年，杜凤瑞25岁的时候，有了心爱的人。他的母亲拿出多年的积蓄，为两个新人准备了两床崭新的被褥。全家人掐着指头盼着杜凤瑞回老家完婚的归期。

可是，因为当时部队正在进行紧张的军事训练，杜凤瑞只能在空军某师四十四团大队的营院里，举行了一个简朴又热闹的军中婚礼。

这样的“情节”，也让马旭不由得想到自己和颜学庸的婚姻。革命军人，当然也有“儿女情长”，也会有“凤冠霞帔”的嫁娶憧憬，但是，在“儿女情长”面前，革命事业却重如泰山，永远放在第一位的。

看到这里，马旭不禁莞尔。她想，自己和颜学庸两个人，过去和现在，都是这样做的，将来一定也会这样做的。

这一年 8 月 25 日，杜凤瑞所在的部队接到赴福建海防前线执行战斗任务的命令。杜凤瑞闻讯后，当即向团党委递交了一份请战书。第二天清晨，深明大义的新婚妻子于兰芳默默地为丈夫打好了行装，把他送到了机场。

当杜凤瑞驾驶的战鹰飞上了蓝天，很快就飞得看不见踪影了，于兰芳还站在那里呆呆地望着，望着……她做梦也没有想到，这次离别竟会成为小两口的永别！

在东海前线的福建海疆，这些日子以来，国民党军队的飞机不断地窜扰大陆。

杜凤瑞和战友们都把蒋军的飞机叫“黑乌鸦”。杜凤瑞看着那些蠢蠢欲动的“黑乌鸦”，在心里想道：祖国的胜利果实，只有用战斗才能保卫！你们等着吧，总有一天，让你们尝尝我们的铁拳头！

10 月 10 日，杜凤瑞像往日一样，早早就起床了。他仔细检查了几遍飞行装备，做好了战前准备。他知道，今天是国民党反动派的“双十节”，不甘寂寞的蒋军飞机，很可能会飞过来捣乱的。

果然，不多久，塔台上就飘起了一等准备的信号旗。

飘扬的旗帜就是命令！杜凤瑞敏捷地跨进了战鹰的座舱。不一会儿，从海峡那边偷偷窜来了六架敌机。不过，他们当然想不到，我们的海防战士和前线军民早就给他们布下了天罗地网！

杜凤瑞和战友们驾驶着银色的战鹰，排出威武的阵势，穿云破雾，一飞冲天，按照预定方案，进入了战区。

几分钟后，天空上出现了四条乳白色的烟带。这是我军诱敌上钩的部署。其实，在茫茫的云海里，我们的一个中队正在隐蔽飞行着，神不知鬼不觉地切断了敌机退路。

敌机以为我军只有四架飞机，就大着胆子扑了过来。就在这时，隐蔽在云海深处的我军战鹰，从后面包抄和截断了敌人的后路。空中顿时枪炮隆隆，硝烟四起。

就在杜凤瑞的飞机正向敌机攻击时，三架敌机从后面冲来，妄图偷袭一下，然后夺路逃窜。危急之中，杜凤瑞向长机上的战友报告说：“敌人向你开炮！”说完，迅速冲向了敌人。

他对准一架敌机，果断地按下了炮钮。一通子弹射出之后，敌机立刻冒出了一股黑烟。敌机飞行员为了保命，选择了跳伞离机，一落地就被我前线民兵活捉了。

我军的长机脱险了，杜凤瑞快速拉起了机头。这时候，一架敌机从他的左后方钻出来，冷不防地向他开了炮。杜凤瑞只觉得机身剧烈地抖动了几下。

不好！飞机负伤了！杜凤瑞冷静地猛收油门，来了个“空中刹车”。正在攻击他的那架敌机没料到这一招，一下冲到了他的前面。杜凤瑞趁机咬住敌机，穷追不舍……瞄准，按下炮钮，一连串子弹射向了敌机，“嘭！”敌机凌空爆炸了……

就在杜凤瑞准备拉起战鹰，继续寻找新的战机的时候，他的拉杆不听使唤了。飞机正在打着旋子向地面坠去，座舱里已是浓烟滚滚。千钧一发之时，杜凤瑞只好忍痛按下了跳伞电钮，离开他心爱的战鹰。刚跳出座舱，他的飞机就爆炸了。

杜凤瑞的降落伞正从高空向地面滑翔着。就在这时，一发罪恶的炮弹，射向了杜凤瑞的降落伞……

地面上，我军的高射炮兵迅速瞄准了在空中偷袭的敌机，一阵猛烈的炮火响起，敌机一头栽进了波涛滚滚的东海里。

可是，杜凤瑞却再也听不见战友们的呼唤声了！鲜血把洁白的降落伞染红了。降落伞在空中飘荡着，远远看去，就像一面在空中燃烧的战旗……

马旭看到这里，已经忍不住地抽泣起来。

杜凤瑞的事迹，颜学庸昨天已看过了，当然知道马旭为什么在抽泣。他赶紧过来安慰她说："要奋斗就会有牺牲，无论是在天空，还是在陆地，都一样。"

"要是我们的空军再强大一些，国民党军队的飞机不是就不敢来了吗？那杜凤瑞也就牺牲不了了。"

"道理是这么个道理。"颜学庸说，"革命，不就是这样，一次次解决着各种困难和问题，步步向前的吗？"

"你看，杜凤瑞生前在日记里写的这段话，写得多好！'一个革命者，就应该处处为党的利益和人民的利益着想，具有大公无私、舍己为人的风格，能够为党的利益、集体的利益，牺牲自己的利益，甚至生命。'"马旭说，"他真称得上是人民空军的英雄，用壮烈的牺牲，兑现了自己的诺言和理想。”

“是呀，新中国的时代，是一个英雄辈出的时代！又何止一个杜凤瑞呀！”颜学庸说，“杜凤瑞是我们的空军英雄，我们还有海军英雄安业民，还有吴运铎、向秀丽等很多忠诚的共产主义战士、党的优秀儿女，他们都值得我们永远怀念、敬仰和学习呀！”

“学庸，你的政治觉悟高，文化水平也比我强，以后你要多帮帮我！”马旭擦了擦眼睛，真诚地说道。

“你还需要我帮吗？”颜学庸故意打趣说，“你已经是满身的‘巾帼英气’，应该匀一点给我才对！”

“去去去，我说的是真的，不是跟你开玩笑的。”

杜凤瑞的故事，给马旭带来很大的触动。她特意把这张《解放军报》放在书桌上，后来又不知看了多少遍。

有道是，茎里有的，种子里早就有了。

在这之后，就像杜凤瑞第一次看见停在昆明机场的飞机，便开始从努力地学文化入手，悄悄地为未来的日子做起了准备一样，马旭也在静静地等待某个机缘的到来。

1961年，一个让马旭眼睛为之一亮的消息传来：她曾经服役和战斗过的那支英雄的部队——也是黄继光、邱少云、孙占元等家喻户晓的志愿军英雄们生前所在的那支部队，正在组建空降兵部队！

确切地说，是在 1961 年 3 月的一天，武汉军区司令部作战室里，不仅座无虚席，而且气氛也十分庄重。这是一次具有历史意义的特别会议。会上宣读了中央军委的一份命令："经中央军委批准，陆军第 15 军军部及所属的师，从即日起改建为空降兵……"

啊，空降兵！这可是新中国的一个崭新的军种。

一听到这个消息，马旭隐隐感到，自己一直在心里悄悄等待和盼望着的那个"机缘"到来了！

就像正在秋日午后的山路上，安静地晒着翅膀的小山鹑，被突然到来的过路者惊起一样，马旭觉得，挑战自己的一个机会，已在眼前。

所以，她二话没说，几乎是在"第一时间"，立即向上级递交了一份回到部队工作的"请战书"。

武汉军区陆军总医院的领导们，一看到马旭递交来的"请战书"，不免有点惊讶："消息好灵通哪！看来，你早就是'身在曹营心在汉'咯！"

马旭笑了笑，真诚地请求说："没办法，就像一个种田人，根本适应不了大城市的生活，到哪里都觉得家乡的泥土香、土炕暖和。我是野战军出身的，还是让我回到自己的老部队去，心里比较踏实一些。”

“这么说，你是非走不可咯？”

“无论怎样，我想去试一试。我知道，‘过了这个村，就没这个店了’。”马旭的固执劲儿，在陆军总医院也是出了名的。

“你呀，马旭同志，难怪有的同志称你是一门来自野战部队的‘小钢炮’！好吧，我们研究研究再说，争取成全你这门‘小钢炮’。”领导笑呵呵地说道，“不然，‘炮弹’射不出去，我们不好交代啊！”

1961年，马旭如愿以偿，从武汉军区陆军总医院，回到自己心心念念的老部队，加入了新组建的空降兵部队，从事卫勤保障工作。

在空降兵部队，能执行跳伞任务的，是备战、参战的将士们，而负责卫勤等保障任务的，属于后勤保障的官兵。马旭的理想是当一名真正的空降兵，但她暂时还没法实现“一步到位”。不过，能从陆军总医院来到空降部队，对马旭来说这已经是人生中迈出的又一个“一大步”了。

小时候，姥爷经常给她讲，“心急吃不了热豆腐”。她当然懂得这个道理。丈夫颜学庸更是比谁都明白马旭的心思，所以就劝慰她说：“暂借荆山栖彩凤，聊将紫水活蛟龙。慢慢来嘛！”

是呀，既然已经加入了空降部队，还怕没有飞的机会吗？

第十八章
飞翔的渴望

在遥远而古老的年代里，我们的祖先就曾经做过美丽的“飞天梦”。他们幻想着用自己智慧的双手，打造出一把“金钥匙”，去打开通往蓝天的大门。今天，当你来到敦煌莫高窟，走进那些大大小小的洞窟，你会看到，许多栩栩如生的彩塑和壁画，都在描画着中华民族早期那些绚丽的飞天梦想。

带着对于飞翔的渴望，自马旭加入空降兵部队以后，颜学庸发现，马旭的书柜、案头，放着的都是关于航空知识、世界航空史之类的科普书籍。平时看报纸杂志时，只要是跟航空、飞行有关的文章，她也特别留心阅读。随着阅读量的增加，马旭对航空知识有了更多的了解。

比如，西汉时期的史学家、文学家司马迁，在他所写的名著《史记》里，记载过这样一个故事：中国上古时代，传说有个名叫舜的人，幼年时母亲死了，他的父亲瞽叟又讨了个后妻，并生了一个儿子。但此后瞽叟只偏爱后妻生的儿子。不仅不喜欢舜，还常常想杀害他。有一天，瞽叟叫舜去修理粮仓。等舜爬上高高的粮仓以后，瞽叟就在下面放起火来，想把舜烧死。舜是个聪明的少年，一看粮仓起火，便急中生智，一手拿起一顶斗笠，像鹏鸟张开翅膀一样，从粮仓顶上纵身跳了下去。虽然仓顶距离地面很高，但舜凭借着两顶斗笠的托载，落到地上再爬起来时，竟然安然无恙，浑身上下一点也没有摔伤……

这个故事虽然带有神话传说色彩，但也从侧面告诉了马旭，早在远古时期，我们的先人已经在尝试利用空气阻力原理，从高处安全降落到地面上了。这个原理，不正是后来的降落伞所采用的基本原理吗？

到了东汉时期，杰出的天文学家、机械发明家张衡，在发明了珍贵的用来预测地震的“地动仪”、用来观测天文的“浑天仪”、用来测验风向的“候风仪”之外，还发明和制造出了一种可以飞翔的“木鸟”。

明代的时候，又有一个被称作“万户”的人，也曾突发奇想，利用“起火”作为动力（即后来的火箭的原理），载着人飞到天上去。于是，他坐在一把捆绑着 47 支“起火”的椅子上，手持两个大风筝，试图飞上天空……

虽然万户的飞天梦想并没有实现，但是他的想法和思路，给后人留下了宝贵的启示。后来马旭得知，为了纪念这位用“土火箭”载人飞行的幻想者和预言家，月球上有一座环形山，就是用“万户”的名字来命名的。

通过阅读中国航空发展史，马旭了解到，进入近代之后，中国终于诞生了自己的第一位飞机设计师、制造者和飞行家。他就是被后人誉为“中国航空之父”的冯如先生。

1884 年，冯如出生在美国旧金山的一个华侨之家，祖籍是广东恩平县。冯如从小喜欢制作风筝和车、船等玩具，喜欢《山海经》里的神话故事，特别是一些“飞天”故事。

12 岁时，他跟随父亲漂洋过海来到美国谋生，在旧金山给人家做零工。这个时候，人类的航空进步和工业制造技术，给少年冯如提供了想象和动手制作的空间。

也是在这个时期，1903 年秋天，美国的两位自行车修理匠莱特兄弟，因为喜欢琢磨滑翔飞行，有一天突发奇想，制造了一架简陋的动力飞机，取名“飞行者号”。这年年底，一个阴沉的冬天的早上，莱特兄弟的“飞行者号”在北卡罗来纳州的一个沙丘上首次试飞。上午 10 时 35 分，弟弟奥维尔爬进了飞机驾驶舱，打开了发动机。不一会儿，动力飞机就像一只初次学飞的大鸟，摇摇晃晃飞了起来。

这只“大鸟”一共起飞了 4 次。第一次飞了 12 秒，最后一次 59 秒，4 次共飞了 411 米。他们成功了！兄弟俩和在场的三位观众紧紧拥抱在了一起……这是世界上第一次成功的动力载人飞行。

谁也没有想到，离莱特兄弟发明的“飞行者号”不到七年，冯如作为一位身在海外的中国人，也制造出了一架带升降舵的双翼飞机。

当怀揣科学救国梦想的少年冯如渐渐成长为青年后，

他又目睹了西方先进的工业技术飞速发展的现实，心中暗暗思忖：祖国要强大起来，必须依靠发达的工业技术。

他一边工作一边刻苦自学，慢慢摸索着，熟悉了当时世界上已经在使用的36种机器。不仅如此，他还自己动手，研制出了抽水机、打桩机。由他设计制造的无线电收、发报机，也因为性能良好，受到用户的青睐。可以说，这个年轻的黄皮肤的中国人，堪称“东方的爱迪生”，在23岁的芳华之年，就成为一名非常出色的工程师和颇有名气的机器制造家。

然而就在这时候，传来了日本帝国主义强占中国东北的旅顺口、大连和中东铁路的消息。原来，日、俄为了争夺在中国东北的“特权”，1904年竟然在中国东北大地上发起了一场丑恶的利益争夺战争。战争的结果是，软弱无能的清政府卖国求荣，竟然同意把旅顺口、大连及附近的海域转让给日本，把从长春到旅顺口的中东铁路，也拱手让给了日本。对于中华民族来说，这无疑是奇耻大辱，每一个有血气、有爱国心的华人，无不为清政府的腐败无能感到羞耻和愤怒。

冯如是一位热血澎湃的爱国青年，他一边为自己的祖国任人宰割感到痛心疾首，一边暗暗发誓，要用自己的一技之长报效祖国！当时，他本想制造出一艘军舰献给祖国。因为他想到，日本之所以敢这么嚣张，就是因为他们拥有强大的海上力量，要是自己能制造出一艘铁甲军舰献给祖国，为祖国的海防贡献一份力量，该有多好啊！

可是在当时，要制造一艘像样的军舰，得耗费数百万元。这个数目冯如无法筹集到。于是他转念又想，既然莱特兄弟发明出了飞行器，接着欧洲各国也纷纷研制出了飞机、飞艇和其他航空武器，那就不如先来制造飞机，既价廉省工，装备国防的用处同样也不小！

主意既定，他就对自己的好友和助手们说："我想好了，就造飞机！飞机现在已经成了各国军事力量上的重要装备，如果能够制造出很多架飞机，分别驻守在中国东南沿海各个重要港口，那些外国列强也就不敢贸然觊觎我中华版图了！"

"造飞机？目前能行吗？"有的朋友对冯如是否有能力制造出飞机还带着疑问。冯如却坚定地回答说："苟无成，毋宁死！我发誓，一定要为国家制造出飞机来，即使费尽一生的心血和精力也在所不惜！”

然而，要研制出一架飞机，谈何容易！

首先遇到的困难就是缺乏资金。为此，冯如变卖了自己所有的金银玉器等家当，但仍然无济于事。他只好到当地华侨中去宣讲自己的强国意愿，在爱国华侨中募集资金。所幸的是，不少爱国华侨朋友慷慨解囊，为冯如提供了有力的援助，帮他筹集了1000多美元的资金，办起了中国人的第一家飞机制造公司。

1907年9月，冯如和他的助手一起，租了一间厂房，开始了艰辛的研制工作。他们靠自己掌握的空气动力学的知识，绘制设计图纸，白手起家。

经过无数次的失败和反复试验，1910年，冯如终于制成了一架带前升降舵的双翼飞机。这架飞机采用了新颖的菱形结构，大大减轻了重量，四五个人就可以把它抬起来。这年10月的一天，冯如和他的朋友们一起抬着飞机，走进了旧金山国际飞机比赛赛场。年轻的冯如头戴风镜和飞行帽，脚穿长筒皮靴，英姿勃勃地跨上了自己的飞机。他灵活自如地操纵着升降舵，在 200 米的高度上绕海湾飞行了一周，时速达到了 100 公里。

最后，比赛主持者满怀敬仰地把国际飞行协会的优等证书，颁发给了飞行技艺高超的冯如先生。前来观看比赛的海外华侨们，激动地把冯如举了起来，抛向空中。他们都为这位中国青年、为中华民族杰出的发明创造力后继有人而感到自豪。

冯如制造飞机成功后，有不少外国人争相高薪聘请他，但他毅然拒绝了他们的优厚待遇。1911 年 1 月，冯如携带着自己制造的两架飞机，千里迢迢返回了祖国的怀抱，在广州成立了“广东飞行器公司”，夜以继日地投身到了祖国的航空事业之中。

当时，他的工作室里摆满了各种飞行器的模型。他常常伏案设计到深夜，有时甚至到旭日临窗。

然而，不幸的事情发生了。1912 年 8 月，在一次飞行表演中，他驾驶的飞机失控坠落了，冯如身负致命的重伤。

临去世前，冯如捧着飞机模型对学生说：“不要难过，也不要丧失前行的信心，灾难是难免的。”28 岁的冯如先生，为中国的早期航空事业献出了年轻的生命。

马旭崇拜冯如这样的爱国科学家，她希望后世的人们永远不要忘记这位了不起的中国航空先驱。是他，让中华民族朝着千百年来的飞天梦想又靠近了一大步。

飞向蓝天，飞向太空，飞向月球，飞向火星……这是中国人千百年来一直在不断追求的伟大梦想！

有一天，马旭读到这样一则古希腊神话故事，说很久很久以前，曾有一位手艺高超的老工匠，他用羽毛让自己和儿子成为两只有翅膀的“大鸟”，高高地飞了起来。但儿子因为飞得太高，黏合羽毛的蜜蜡晒化了，最后掉进了大海里……这个古老的神话故事，既寄托着人类梦想着离开地球、飞向天空的美好愿望，同时也告诉人们，在人类飞向天空的进程中，从一开始起，每一次飞翔都会伴随着意想不到的危险。所以，后来人们总是把那些敢于挺身而出、驾驶飞机进行首次飞行的人，称为“试飞英雄”。

加入了空降兵部队后，马旭藏在心底的梦想，就是能成为一名这样的“试飞英雄”。当然，她不是要驾驶飞机试飞，而是乘着降落伞试飞，成为一名真正的女空降兵！

丈夫颜学庸把这一切都默默地看在眼里。他最懂得马旭的心事，也知道马旭一旦认定的主意，轻易是不会改变的，所以他也就悄悄地把原本想劝一下马旭、让她“知难而退”的想法给咽了回去。

有一天，细心的颜学庸在马旭的书桌上，发现了一份剪报，不知马旭是从什么科普杂志上剪下来的。

颜学庸仔细地翻了这份剪报，内容真是丰富。

1783 年，法国有一对蒙哥尔费兄弟，成功地让热气球飞到了几百米的高空。又过了几十年，一个英国小男孩凯莱，在他 10 岁时候，自己动手设计并制造出了世界上第一架载人滑翔机。有趣的是，登上这第一架载人滑翔机的“试飞员”，也是这位只有 10 岁的小男孩凯莱。1849 年的一天，凯莱把滑翔机弄到了一个小山头上。这个 10 岁的小试飞员勇敢地爬进了机身中的一个小篮子里。他成了世界上第一个也是年龄最小的滑翔员。

在凯莱的滑翔机试飞成功之后，研究滑翔机的人越来越多了。随着人类科学技术的进步和发展，人类在天空中飞翔、飞行的技术渐渐成熟，甚至已经能够飞向太空……

说实话，这份剪报上介绍的飞行故事和科普知识，让颜学庸也“大开眼界”。剪报上还讲到，比 1849 年要早 200 多年的中国明朝时期，就有一些技术高超的杂耍艺人，创造了一个颇能吸引观众的杂技节目，名字就叫“跳伞”：艺高胆大的杂技演员，站在凳子叠着凳子的高处，用手撑开一把特制的绸布雨伞，凭借着空气阻力，勇敢地往地面跳下去……

这项杂技表演节目后来传到了西方。西方人在这个基础上加以改进，把绸伞改成了绸制的“翅膀”，然后从教堂的钟楼上、高大的宫殿的塔尖上往下跳……

进入 18 世纪，世界上第一次出现了氢气球。氢气球为人类的升空飞行打开了新的路径，也提供了新的工具。然而，因为当时的技术等原因，人类还不能十分安全地驾驭氢气球这种飞行工具，所以，氢气球升空后有爆炸、着火、在树丛上搁浅等危险，并且造成人员伤亡的事故，也时常发生。因此，寻找和发明一种安全可靠的高空救生工具，就成为人类一种新的探索和新的需求。而降落伞，就是在这样的背景下，被人们设计了出来……

细心的颜学庸还发现，马旭在这份剪报上的一些段落和知识点上，都用红墨水笔画上了记号。可见，她是多么认真地在收集和学习着这些关于飞行的科普知识。

颜学庸翻阅着剪报，深深理解马旭对于飞翔的渴望和执着。他相信，凭着马旭的这股子劲头，她一定能成为一名光荣的伞兵。

说起新中国空降兵的诞生和首批伞兵的第一次跳伞，大概要从国庆一周年前夕，即1950年9月29日算起。

那一天，在晴朗无云的中原大地上空，数架“伊尔－12”战机，分别载着从伞兵旅精心挑选出来的54名部队干部和8名战士，勇敢而出色地完成了新中国首批伞兵的首次空中跳伞任务。

当时，这个从各大军区、各野战军抽调出来的一批战斗英雄和模范干部组成的空降旅，刚刚组建起来才只有5个多月的时间。这个空降第一旅，可谓人才济济，其中战斗英雄139名，模范人物289名，功臣2606名，还有陆军的一个“常胜模范连”，被整建制地选调进了空降旅。在这个旅里，有出席过全国战斗英雄代表大会、荣获过“毛泽东奖章”的“孤胆英雄”白治贵，有全军有名的“刺杀英雄”李玉玺，有战功赫赫的杀敌英雄刘恩禄，还有荣获华东军区一级战斗英雄称号的林喜云……

由此可见，党中央、中央军委对组建新中国空降兵的重视程度，同时也不难想象，全军上下对新中国空降兵部队的向往与荣耀之心。

空降旅首次跳伞，这可是中原大地上的一次前所未有的盛事！当时，方圆几十里内的河南乡亲，有骑着自行车的年轻人，有推着独轮车、赶着大板车拉着老人和孩子的，还有坐在小毛驴上的新媳妇和学生娃……都纷纷赶来观看解放军跳伞，秋日的平原上一片沸腾……

一张张洁白的大伞，就像一朵朵盛开在晴空的白莲花，也像一朵朵轻柔的云朵，缓缓地从天而降……当 62 名参加跳伞的干部和战士全部安全着陆后，部队官兵和老百姓一起，都激动地欢呼起来，真是锣鼓喧天、欢声动地！伞兵旅的首长们为每一位空降英雄佩戴上了大红花，62 位气宇轩昂的空降勇士被热情质朴的中原乡亲簇拥在人群中间，尽情地享受着功臣一般的待遇。

从此，一个全新的兵种——空降兵，第一次被全国人民熟知了。

1961 年 3 月，令马旭倍感振奋的一个消息传来：自己当志愿军时的那支老部队，正式改建为空降兵部队……

要知道，这支部队，可是造就出了黄继光、邱少云、孙占元等响当当的战斗英雄的部队，如果要一一开列出这支部队里获得过特级英雄、一级英雄，特等功、一等功，特等功臣、一等功臣等等嘉奖的英雄和功臣的名字，那是需要好长篇幅的！

明白了这一点，也就不难理解，为什么马旭是如此渴望回到自己的老部队，又是如此梦想着成为一名真正的空降兵战士。

“那么，下一步我应该怎么做呢？”马旭在心里思忖着。

第十九章
战士的本色

这些日子里，只要有一点空闲，马旭就往伞训教员那里跑。伞训教员当然知道马旭的来意，就故意跟她打趣说：“你这个同志哟，不好好在后勤那边做好保障，天天跑到我这里来干啥呢？”

“别这么小气嘛！来看你训练跳伞还不好吗？又看不走你什么东西。”马旭噘着嘴说。

“看是看不走的，不过，我们训练时也有‘保密纪律’

的哟！”

“嘿，给你一根竹竿，你还真就顺着往上爬了！”马旭扑哧一下笑了，说，“保密纪律，那是对待特务和敌人的，不是对待自己同志的，别把我当三岁小孩啦！”

“就知道你天天来，没那么简单。”伞训教员也笑着说，“说吧，今天又准备‘蘑菇’点啥？”

“明人不说暗话，我就是想跟着你学习跳伞，请收下我这个学员吧！”

“终于还是憋不住了是吧？学习跳伞，哪有你说得这么简单呀？”伞训教员说，“跳伞很危险的！你一个女同志，吃不了这个苦的。”

“就你们男同志吃得了这个苦？”马旭一听这话，又不高兴了，“你别忘了，我也是一个参加过辽沈战役和抗美援朝的老兵！”

“那倒不假，‘老革命’啦！不过，你能不能学习跳伞，我说了也不算数啊！”

“这个当然不用你管，你先答应我，肯不肯收我这个学员吧。”

“你是……真的想当跳伞兵吗？”

“当然，不然那我天天跑到你跟前‘蘑菇’什么？”马旭笑着说，“你以为我真是跑来看你吗？”

“我实话跟你说吧，女同志跳伞，有不少实际困难，是解决不了的。比方说，你才结婚不久吧？你的爱人会同意吗？你们不久还要生儿育女吧？有了小孩，要喂奶，要照料小孩，还怎么跳伞？这些不都是实际问题吗？”

“这……”伞训教员的一番话，说得马旭不知如何应对了。

“我爱人肯定是会支持我的，这你放心。”马旭说，“生儿育女的事嘛……总会有办法的吧？！”

“那还得经过上级组织的批准，你自己来找我，就算我答应了你，也不算数的。”

“‘不入虎穴，焉得虎子’！我好不容易调到空降兵部队，不就是为了来训练跳伞的吗？要是不能参加跳伞，我不是白来了吗？”马旭语气坚定地说，“你这里先答应了我再说。别的事，我再想办法！”

“你呀，真有点不可理喻。跳伞可不是儿戏，你想到过后果吗？”

“能有什么后果？大不了就不要小孩嘛！”

“你说什么？这样大的事,能像你说的这样‘轻描淡写’吗？”

“‘舍不得孩子套不着狼’，这是我老家东北人常挂在嘴边的话。”

“我的天，你们东北人，怎么心就那么大呢！”

“这就叫心大吗？”

“还不大吗？比天空还大啊！”

“那这就对了！要当一名真正的伞兵，没有一颗宽大的心，能行吗？”马旭意味深长地笑了笑说。

这一瞬间，她突然又想起自己早年在东北军事政治大学学习时，看到过的那个苏联小男孩学跳伞的故事来了。

这时候，我似乎明白了，天空是从哪里开始的。它不是从屋脊上开始的，也不是从有云彩飘过的蓝色气流里开始的，而是从离地面很近的地方，从像肩膀那么高的高度开始的——是的，天空是从一颗勇敢的心开始的！至于是会伸向云层，还是伸向群星，那要看这颗心能把它带往哪里去了……

依稀想起这段话来，想飞、想跳、想成为一名真正的伞兵的渴望，更加令她心驰神往、挥之不去了！

但是，到目前为止，新中国刚组建的这支空降部队还没有女兵跳伞的先例。

再加上当时马旭的身高只有1.53米，体重也不到40公斤，根本达不到当一名伞兵的基本标准。

虽然她已经数次给上级领导写了言辞恳切的申请书，但是上级领导几经考虑，仍然婉拒了她请求跳伞的申请。

师长笑眯眯地对她说道："小马同志啊，跳伞可不是小孩子家玩的跳房子、踢毽子，也不是跳皮筋。你呢，回去多吃点饭，身体是革命的本钱，把身体养好了再说吧。"

"首长，我边跳边养身体，没准养得更快呀！"

"你这个小鬼，乱弹琴！我说的是身体各项标准首先要合格，这个事还带讨价还价的吗？再说了，你就是不跳伞，不也是一位空降兵战士嘛！"

"那能一样吗？一位真正的伞兵和一位后勤保障人员，哪能是一样的啊？"

"哦，这么说，你是嫌弃做后勤保障工作啦？"

"不是，我绝对不是这个意思。"马旭赶紧辩白说，"我只是觉得，身在空降部队却不跳伞，这算什么空降兵呀？”

“是谁告诉你的，当空降兵就一定要会跳伞？”

马旭自己都记不清这是第几次请求了，结果又吃了一顿“闭门羹”。

看到人家那些伞兵战友生龙活虎一般地在练习跳伞，马旭眼馋得不行，有一次竟然“浑水摸鱼”，趁着教官没注意，夹在伞兵中间登上了跳台。

“喂，马旭，你简直是开玩笑嘛！出了事故，我是要负政治责任的！赶紧下来！”

幸好教官眼尖，一眼就看到了悄悄登上了跳台的马旭。结果，马旭被生生地给拉了下来。

“搞什么嘛！差点儿让你给蒙混过关了！”伞训教官对着马旭好一顿“教训”。围观的战友忍不住哈哈大笑起来。

当时，马旭恨不得找个地缝钻进去。

回家后，马旭把白天的“遭遇”讲给颜学庸听。颜学庸差点儿笑出了眼泪。看到马旭对跳伞如此执着，颜学庸为妻子想出了一个训练的“土办法”。他利用休息时间，在操场的一个角落，给马旭挖了一个三尺多深的大坑，还运来了一车细软的沙子，填在坑里，再摞起两张桌子加两把椅子，搭起了一个类似的“跳伞练习台”。

“‘土’是‘土’了点，但有了这个沙坑，总算也能找到一点儿从高空往下跳的感觉吧。”颜学庸一边笑着说，一边把每张桌子和椅子加固得非常稳定，“不过，你既然想要练习，就不能怕人笑话。”

“革命者连死都不怕，还怕人家笑话？”

“那就好，那就好，算我多虑了。”

有了这个沙坑和简易“跳台”，马旭一下了班，就自己跑到这个角落里练习往下跳，有时候一天下来要跳上五六百次。

练习过程中，扭了脚脖子、磕破了膝盖这类伤痛，已经是家常便饭。好在马旭自己就是医生，敷上膏药，包扎包扎，咬紧牙关，继续练习——就跟她早先读到过的那个走路有点瘸、膝盖磕破了皮还结着血痂，却从不气馁，继续咬着牙练习跳伞的苏联小男孩一样。

是的，一个跳伞者的天空，也许不是从屋顶的高度、树梢的高度，或者是从云彩飘浮的蓝色气流里开始的，而是从离地面很近的地方，从一颗勇敢的永不服输的心开始的。

就这样，马旭一边刻苦练习着，一边继续去说服首长。

一次次被拒绝，她仍不灰心。

到最后，她也学着那些为了被选入新中国首批空降兵的样子，像当年在战场上“写血书”要求执行最危险的突击任务的战友一样，干脆咬破自己的手指，给上级首长写了一封血书！

她在血书里：

“身在空降师，如果不会跳伞，怎么能叫伞兵？我恳求组织批准，并保证成为合格的伞兵！”

一行行鲜红的血字，饱含着一个女兵赤诚的报国心迹！

上级首长见到马旭这样“放大招”，多少有些被她的决心给感动了，或者有点震惊了吧。结果，功夫不负苦心人，师部首长把她找了去，神色严肃地说道：“马旭同志，军中无戏言，你给我立个‘军令状’吧！如果你跳得比部队战士好，就让你上；如果跳得比部队战士差，那你以后就别再提了！”

说者无心，听者有意。马旭心里也一直记着伞训教官对她说过的女同志要生儿育女的那番话。

马旭知道，空降兵的服役年龄，部队上是有严格要求的。

她已经 29 岁，岁月留给她的可以跳伞的“黄金时间”已经不算多了。马旭也深知，如果按照女同志通常要走的结婚、怀孕、生产、养育孩子……这样一条人生轨迹走下去，耽误跳伞训练的时间且不说，很有可能会中途中止跳伞或者是提前退役。

所以，思前想后，性格倔强的马旭，对丈夫颜学庸说出了自己不想要孩子的打算。说实话，依照颜学庸对马旭的了解，她有这个打算，并不出颜学庸的意外。尽管如此，一旦要下定这个决心，做出这个决绝的决定，无论对马旭还是对颜学庸来说，都是一个不小的考验。

经过了两天两夜的反复考虑，最终，为了实现马旭梦寐以求的跳伞的心愿，夫妻俩做出了一致的决定：放弃生养孩子。

“谢谢你！学庸，我早就说过，在这个世界上，只有你最了解我、最疼爱我，也最能包容我！”马旭感动地说道。

“不要这么说，我们是夫妻，也是革命战友。自我参加革命那天起，我就在心里说过，我是党的人，是国家和军队的人，我愿意把一切都献给党和国家。你不是也一样吗？”颜学庸真诚地说道。

“不论什么时候，你的觉悟都比我高，思想境界也比我更豁达，这也是为什么我凡事都十分信任你、依赖你的原因。”马旭说，“既然你也考虑成熟了，决定我们不要小孩儿了，那我就找个合适的时间，早点去做个手术，免去这个后顾之忧。”

“不，马旭，你不能去做这个手术。”

“为什么？”

“你要跳伞，必须保证身体无恙。”颜学庸豁达而坚定地说道，“咱们一言为定，永远不要孩子。”

“学庸，你……找了我这样的妻子，做出的牺牲太大了！”

“不，我们的这点付出，算不得什么牺牲，没法跟那些在战场上牺牲了宝贵生命的战友相比，你也不用有什么愧疚。我是男人，是军人，也是你的爱人，我不理解你、包容你、爱你，还能理解、包容和爱谁呢？”

为了保守这个秘密，细心的颜学庸还反复叮嘱马旭，不要对任何人讲起他们的约定。

果然，后来，不知内情的部队首长，眼看着这对从抗美援朝战场上回来的志愿军夫妻，都有三十几岁的年龄，却仍然没有生养小孩的打算，出于组织上和同志间的关心，部队首长曾直接询问过和催促过他俩，还说如果是马旭身体上有什么问题，那也应该及早去检查治疗，不要错过了女性的最佳生育年龄。

可马旭总是笑笑说：“不忙，不忙，早着呢！”

时间一久，很多战友都以为，可能是马旭没有生育能力吧？谁也没有想到，这是马旭和颜学庸为革命所做的一种牺牲。

第二十章
我爱祖国的蓝天

“人人争当英雄”，是黄继光、邱少云、孙占元……这些志愿军英雄用他们的热血和生命，为马旭所在的这支战功赫赫的部队铸就的一种伟大的精神，也是这支英雄的部队最珍贵的“传家宝”。

“不当英雄不下山”“永吹冲锋号，不打退堂鼓”“红旗敢扛，第一敢争，重担敢挑，危险敢上”……直到今天，在马旭工作和战斗过的空降部队某师的各连队里，依然在高呼和传颂着这些响亮的口号。马旭，无疑也是这些“传家宝”的铸造者之一。

我们在前面讲到过，为了实现当一名真正的伞兵的梦想，马旭真是“拼”了。为了兑现自己在部队首长面前立下的那份“军令状”，她真的是拿出了当年黄继光连队里那句“不当英雄不下山”的劲头，用颜学庸帮她“设计”出来的“土办法”，夜以继日地模拟练习跳伞动作。她给自己定下了一个雷打不动的计划：每天至少跳 500 次！有时，因为工作太忙太累，白天没有完成 500 次，她睡到半夜后，再悄悄起来，跑到操场继续完成 500 次的“定额”。

半年后，在有上千人参加的考核场上，在师首长、伞训教官和众多战友的亲眼见证下，马旭自信地登上跳台，连跳了 3 次，动作干脆利落，每个步骤都符合标准！

“真是神了！她这一套动作，真的是练习跳沙坑跳出来的吗？”战友们在为她喝彩的同时，也不免感到惊讶。

有的人还悄悄质问起伞训教官：“莫不是你偷偷给她开了‘小灶’吧？”

马旭一举通过了部队的严格考核，让那位分管伞训的副师长，也无话可说了。副师长笑眯眯地走到马旭跟前，像战争年代里的老兵，伸出双手帮着小战士打好肩上的背包一样，一边帮马旭卸下身上的装备，一边满意地说道："你这个小鬼，不愧为我们英雄连队的'花木兰'，祝贺你，你赢了！"

正是"血书""军令状"和一次次的永不服输的韧劲，还有这一次漂亮的试跳考核，让马旭从此跨进了跳伞的门槛，也为她后来20多年的跳伞生涯，开启了新的一页。

果然是"军中无戏言"。1962年秋日里的一天，部队首长正式批准了马旭的请求。她从空降部队的一位负责卫勤保障的女军医，跃身一变，成为一名真正的伞兵，成为新中国第一代女空降兵中的一员！

这一年她29岁。从这年开始，马旭和降落伞结下了不解之缘。作为"试跳组"的正式成员，马旭的跳伞纪录不仅令许多女性伞兵战友望尘莫及，连一些男性伞兵战友，也向她投去了惊讶和敬佩的目光。

回想起1962年秋天，第一次正式从空中跳伞的感觉，马旭记忆犹新。要说那一刻完全没有一点紧张心理，也是不可能的。但是，马旭明白，自己的心理素质是早就过了关的。所以，伴随着她跳出机舱的，更多的是一种好奇、自信和“我欲乘风归去”的奇妙体验。

“在舱门打开的一刹那，巨大的风吹得我几乎喘不过气来。果断地跳下去之后，立刻有一股强大的上升的气流袭来，那一刻，全身心的感觉大概就像是一只突然挣脱了长线的风筝吧，在空中自由地飘荡着，飘荡着，忽上忽下，任意东西……”多年之后，她仍然清晰地记得并且能生动地描述出自己当初的体验。

虽然刚开始时不免还有点儿惊慌，但迅速镇定下来之后，她感觉整个大地和天空都是为她而存在的，她是大地和天空的女儿。——哦，不，不是女儿，她是在无形的气流中振翅高飞的雄鹰，是敢于穿越任何云层的空中骄子！

她拉着操纵棒，按照地面箭头的指示，凭借着气流和风向，稳稳地停在了预定的降落区。

“不过，第一次正式跳伞，对我来说也真是一次不小的考验！当时，我差一点连伞包都没背动。因为我当时的体重只有 75 斤，伞包却足足有 100 斤重。也许，正是由于我的体重过轻，所以每次跳伞后，我总是会飘到比一般战友更远一点的地方。除了这个瑕疵之外，在我后来的跳伞生涯中，几乎没有出过什么别的差错。”说起当年的这些细节，马旭在无限的留恋中分明也带着几分自豪。

回溯全世界的现代战争史，空降兵，无疑是一个全新的兵种。

什么是空降兵？打仗的时候，空降兵不是从地面上奔赴战场和阵地的，而是乘坐着飞机，从空中被运送到作战的地区或前沿阵地，甚至运送到敌军的后方。

也就是说，这种“从天而降”的作战部队，不会受到地形条件、长途行军等条件的限制，平地、山谷、森林、田野、水上……都可以灵活空降和投送；也不会受到时间限制，白天、黑夜都可以实施空降；兵力数量上，同样可以机动灵活，可以运送和空降一个排、一个连，也可以运送和空降一个团、一个师乃至几个师的兵力。

空降兵空降时，又分机降和伞降，也可以两种方式同时进行。伞降，就是飞机抵达指定上空后，空降兵从机舱里跳出，驾着降落伞空降到预定的作战地区；机降，就是空降兵乘坐飞机——当然，多半是直升机或大型运输机，直接把兵力投送到作战地区。请注意，我们平时乘坐民航客机降落到预定机场，这不能叫机降，而只是一种空运。

空降兵在自己的发展过程中，曾有过各种各样不同的称呼，比如“伞兵”“降落伞部队”“空军陆战队”，等等。军事专家们认为，对现代的空降兵来说，这些称呼都不太准确。比如，空降兵空降的方式，有伞降和机降，如果只称为“伞兵”，就不准确；在部队的建制上，有的国家的空降兵是归属陆军部队的，所以称为“空军陆战队”也不准确。

在激烈的战争中，空降兵因为自身的特殊性，能担负起别的兵种无法承担和完成的任务。比如在攻击战中，担负攻击任务的部队，如果遇到了特别坚固的防线和堡垒，久攻不下，无法出击，那么，这时候，空降兵就可以发挥自己的优势，突然间从天而降，插入对方的要害部位，甚至起到深入敌后、里应外合、打垮对方坚固的防线的作用。

我们都知道，我国的解放战争时期，马旭所在的第四野战军，在东北打完了辽沈战役之后，又奉命提前进入山海关，参加平津战役，之后再继续南下，一路打到了地处祖国最南端的海南岛。

可是，在解放海南岛的战役中，我们的参战部队虽然所向无敌、英勇顽强，但也遇到了极大的渡海的困难。一方面是我们的船力不够，运载兵力的工具有限；另一方面，从东北一路打过来的解放军官兵，大都是北方人，不太识水性，习惯了在旱地作战，对渡海作战缺少经验，最终虽然也创造了用木船打沉敌舰的奇迹，但正如有人所说，如果当时我们能拥有一支空降兵，采用“神兵天降”的方式，把兵力从空中快速投运到海南岛上，那解放海南岛战役肯定会创造出更大的奇迹。

世界战争史上，有许多依靠空降兵取胜的战例。二战期间，美英盟军动用空降兵夺取诺曼底的那场著名的登陆战，就是一个很好的例子。

成为空降兵之后，马旭对降落伞和空降兵的专业知识，以及对世界空降兵的各种战例，了解得越来越多。这也为她在不久之后能成为一位空降兵技术装备的改进者和发明者，打下了坚实的基础。

就在马旭开始正式跳伞的这一年，有一首由阎肃作词、羊鸣作曲的优美的军旅歌曲《我爱祖国的蓝天》，迅速被传唱开了。这是一首献给人民空军战士的歌曲，抒发了空军战士热爱祖国、志在蓝天、胸怀朝阳的豪情壮志。

据说，当时的空政文工团团长和政委陆友找词作家阎肃谈话，希望他下连队去体验生活，为我们的空军战士写一首歌。随后，阎肃在空军某部连队里当了一年多的士兵，深切地体会到了空军战士爱党、爱国、爱民的情怀。

有一天傍晚，阎肃仰望着漫天的彩霞，看到别的飞机陆续都披着晚霞从远方飞回了，只有他们那个机组的一架飞机，还迟迟没有返航回来。这时，词作家忽然产生了创作灵感，情不自禁地联想到，无论是已经返航栖落在祖国大地上的战友，还是正恋恋不舍地飞翔在蓝天上的战友，他们都在深情地爱着祖国的蓝天，用自己青春的力量巡视着和保卫着共和国的每一方天空、每一寸国土……

于是，当天晚上，阎肃一气呵成，创作出了《我爱祖国的蓝天》这首歌词。

我爱祖国的蓝天，
晴空万里阳光灿烂。
白云为我铺大道，
东风送我飞向前。
金色的朝霞在我身边飞舞，
脚下是一片锦绣河山。
啊……啊……

水兵爱大海，
骑兵爱草原，
要问飞行员爱什么？
我爱祖国的蓝天！

我爱祖国的蓝天，
云海茫茫一望无边。
春雷为我敲战鼓，
红日照我把敌歼。
毛泽东思想指引着我们，
人民空军勇往直前。
啊……啊……
水兵爱大海，
骑兵爱草原，
要问飞行员爱什么？
我爱祖国的蓝天！

这首《我爱祖国的蓝天》很快就赢得了解放军官兵和全国人民的喜爱。马旭和她所在的空降兵部队的将士们，都爱唱这首歌，回荡在歌中的豪情壮志，空军战士热爱祖国的蓝天，为了祖国壮丽的国防事业不畏艰险、勇往直前，用青春和力量捍卫伟大祖国的领空、领土的自豪感与必胜的信念，不也正是每一位空降兵战士真实的心声吗？！

所以，马旭和她的战友们都把这首歌视为“自己的歌”。豪迈的歌声伴随着她在祖国的蓝天上跳跃、飞翔，也给她增添了无限的胆魄、信心和力量，带来了无边的遐想和希望……

第二十一章
永不退缩

很多人小时候可能读过一篇有名的童话，题目叫《“小伞兵”和“小刺猬”》。“小刺猬”是指那些浑身带刺的小苍耳。“小伞兵”又是什么呢？原来就是那些头顶上长着一撮蓬蓬松松的白绒毛，活像一群“小伞兵”的蒲公英的种子。许许多多的“小伞兵”挤在一起，形成了一个圆圆的白色花球，一阵微风吹来，每一颗成熟的蒲公英的种子，都乘着洁白的小伞，飞上了晴朗的天空，随着风儿向着远方飞去，然后又缓缓地降落到田野、山冈、河畔和小路旁，等到第二年春天、夏天和秋天，大地上、天空中又会出现许许多多的白色的“小伞兵”……

马旭老年的时候，有不少学校邀请她去给孩子们讲述自己跳伞的故事。有一次，她在给孩子们讲述自己的跳伞经历之前，先讲了一个有趣的小童话：

田野里，长满了蒲公英。蝴蝶轻轻飞过去；蜜蜂轻轻飞过去；蜻蜓轻轻飞过去；瓢虫也轻轻飞过去。

一株小小的蒲公英问妈妈：“我也可以飞吗？”妈妈说：“当然可以呀，等你长大了。”

这时候，小蚂蚁听见了，问：“可以带我飞吗？”蒲公英说：“好呀！”

小蜘蛛也听见了，问：“可以带我飞吗？”蒲公英说：“好呀！”

小青虫也听见了，问：“可以带我飞吗？”蒲公英说：“好呀！”

等到小蒲公英的花球变白了，成熟了，风婆婆微笑着走过来，轻轻一吹，小蚂蚁、小蜘蛛、小青虫都乘着蒲公英的白色小伞，一起飞了起来。好多好多小伞，飞得好高、好远哟！

这个小童话讲得实在是单纯优美。其实，马旭是在借助蒲公英的白色小伞的形象，帮助孩子们去了解降落伞的形态和飞翔的原理。因为，假如不是专业的跳伞人员，对降落伞的相关分类和构造原理的了解，其实是十分有限的。

我们在前面讲过，18世纪的时候，世界上出现了氢气球，这当然为人们探索升空和空降的发展之路提供了一种全新的工具。但不久人们就发现，氢气球的安全性能并不高，着火、爆炸、遇到障碍物就会搁浅等事故频繁发生。所以，必须寻找一种更安全可靠的适合升空、空降和救生的工具。在这样的背景下，从18世纪末到19世纪初，降落伞诞生了。

最原始的降落伞构造比较简单：一块圆形布作为伞衣；伞衣顶部也没有排气口；用四根结实的绳子，从上面系着伞衣的四个角，从下面系紧人体。人们对这种简易的降落伞进行了各种试验，也渐渐发现了不少问题，比如，稳定性较差，下降时摇摆得厉害，跟荡秋千似的，使人体无法平稳和安全着陆，等等。

经过反复试验后，人们找到了原因，对降落伞重新加以改进。例如，降落伞下降时，因为伞衣周围的气流在剧烈地分离，致使伞衣内外的压力分布不均，因此容易摇摆不稳。于是，设计师在伞衣顶部开了一个排气口，跳伞员通过操纵和控制这个排气口，来减弱降落伞的摇摆，使之达到平衡；还有，设计师对伞衣的形状也不断地进行改造，让伞衣最大程度地起到稳定作用。

进入 20 世纪后，降落伞的作用越来越被人们认识清楚了。尤其是有了飞机之后，降落伞首先作为一种救生工具，成为人们的迫切需要，于是就有了“救生伞”。

1911 年，俄国人考杰尼柯夫设计的救生伞问世。这种救生伞与原始的降落伞相比，在设计与构造上，有了较大的进步。例如，除了伞衣，还第一次加上了伞包，把伞包固定在人员身上，可以确保人员无论从什么位置上跳伞时，降落伞都能随时被打开。

有了救生伞之后，有一位名叫皮诺的意大利发明家，进一步创新了降落伞的构造，实现了利用附加的引导伞拉出主伞伞衣的办法，于是，引导伞也被广泛地投入了使用。

在这之后，降落伞的技术不断改进，越来越细致化和科学化。渐渐地，包括国防建设、工程建设、抢险救灾、空间技术、体育运动、休闲娱乐等方面，都有不同的降落伞在发挥作用。就降落伞的种类来说，出现了航空兵使用的救生伞、训练伞、减速伞、航弹伞等；有空降兵使用的伞兵伞、备分伞、投物伞等；还有防空兵使用的照明弹伞；火箭军配套用的导弹、火箭回收伞；甚至还有宇航员的专用伞。至于跳伞运动员使用的专业运动伞、各种花式表演伞等，更是五花八门、琳琅满目。

那么，作为空降兵的马旭，她和战友们平时使用的降落伞，主要是两大类：一类是人用伞；一类是投物伞。

人用伞，不用说，就是空降兵在执行空降时使用的降落伞。它相当于空降兵们手中的“武器”，对它的性能要求，不仅十分严格，而且细致入微。比如，开伞必须安全，空降全程可靠，做到万无一失；开伞的冲击力要小，绝对不能伤及人的肢体；降落伞的着陆速度是严格控制的，不能超过每秒 8 米，以确保人员的着陆安全；整个伞衣、伞包的装备要体积小、重量轻，方便背卸、使用和维护。当然，除了空降兵空降用的降落伞，还有飞行员用于空中弹射的救生伞、跳伞运动员使用的运动伞等，也都属于人用伞。

投物伞，顾名思义，就是空降部队在空投物资时使用的降落伞。和人用伞相比，投物伞的伞衣面积大，通常会是人用伞衣面积的 3 倍以上。作战时，给前方的部队投送各种补给；工程建设时，向工地空投各种机械设备和建筑材料；抢险救灾时，快速空投各种工具和物品；向地形复杂的高山地区、丛林地区或交通不便的偏远地区运送各种支援物品……都用得上投物伞。

1969 年的某一天，马旭所在的空降兵部队，突然接到了上级下达的一项紧急空投任务，需要空降部队动用大型的投物伞来完成。原来，当时，国家地质部门在大西南群山深处的某地，发现了一种宝贵的矿产。但是，西南地区十万大山，山脉连绵，层峦叠嶂，根本不通公路。运输车辆进不去，靠着人工的肩扛手抬，要把那么多沉重的钻探器械和生活用品运送到大山深处，几乎也不可能。这时候，空降兵部队就有了“用武之地”。他们使用投物伞，把上千吨重的地质钻探器材和工人们的生活用品，准确无误地空投到了指定的位置，保证了钻探工作的顺利进行，有力地支援了祖国的建设事业。

随着时间的推移，在一次次跳伞过程中，有些实实在在的问题，凸显在马旭和她的战友们面前。

马旭曾这样回忆过：抗美援朝战争结束后，他们这些从战火中冲杀出来的部队官兵，年龄大都处在30岁左右。他们这支部队转为空降兵之后，有一些人，就难免产生各种各样的想法。

要奋斗就会有牺牲。谁也不能保证，每一次跳伞都能做到万无一失。毕竟，自从世界上有了空降兵，有了跳伞的历史，同时也就有了一定的伤亡系数。有人就认为，自己在残酷的抗美援朝战场上都没有牺牲，如果在跳伞训练中遇到不测，那是十分“划不来”的，如果是这样死了，岂不是“死得一点也不像个英雄”吗？

再加上，当时的伞训教员，对战士们强调“一不怕苦，二不怕死”的大无畏精神，比强调提高跳伞技术更多、更勤，因此，有的人思想情绪上也难免会有些低落和波动。个别的战友甚至一度都不敢跳了。与此同时，伞训教员也有了急躁情绪，训练起来就更加“发狠”，紧张的气氛一度十分浓重，跳伞受伤的事故也时有发生……

在这样的日子、这样的气氛里，马旭也一度变得情绪低落、心事重重，整日里眉头紧锁，跟以前总是风风火火的、像一门“小钢炮”的样子，判若两人。

颜学庸看在眼里，轻轻问她：“是不是训练上遇到了什么困难？”

马旭说：“确实，跳伞受伤的状况，越来越频繁，人越急躁，越是容易出问题。这样下去，怎么能不影响战斗力！”

“看来，是‘老革命’遇到了‘新问题’啦！从野战军变成空降兵，以前当‘大老粗’当惯了，现在要完全适应跳伞这样既要胆大又要心细的技术活儿，是容易犯急躁情绪啊！”还是颜学庸看问题看得精准。

“我们是真的应该静下心来好好琢磨了，看看怎么才能最大程度地减少失误和受伤。”马旭若有所思地说。

“是的，前面要走的路还很长，是应该考虑一下这个问题了。”说到这里，颜学庸笑着转移了话题，说，“明天是休息日，我特意买了两张戏票，我们一起去看场戏，你也好散散心，放松一下紧张的情绪。”

“这个时候，我哪有心思去看戏呀！”

“你看看，工作之道，一张一弛嘛！”颜学庸说，“错过了你可别后悔呀！这可是人家空政话剧团排演的一部大戏，讲的故事跟你们空降兵也有关系……”

“哦？什么故事？”

“新中国的第一批女飞行员的故事。”

“真的吗？那我应该去看看，受受教育。”

这时候，马旭本来一直紧锁着的眉心，总算有点舒展开了。

《女飞行员》是当时空政话剧团创作的一部大型话剧，由部队里的三位著名作家冯德英、黎静、丁一三编剧。其中的执笔者冯德英，就是长篇小说《苦菜花》的作者。马旭和颜学庸都读过《苦菜花》，也看过根据小说改编的同名电影故事片。《女飞行员》先是以话剧的形式在部队里和社会上公演，后来也拍成了彩色电影故事片。

一走进剧场，马旭顿时就被剧情吸引住了。故事讲述的是一个美好的春天里，一群青春洋溢的女青年，正在某空军基地整装待发。她们是很幸运地被选拔出来的航空学校的学员，也是新中国的第一批女飞行员。

一看到那熟悉的空军制服、陆军制服、背带工裤、学生裙……还有一张张带着兴奋、好奇和自豪的青春的笑脸，马旭立刻想到了自己刚刚入伍时，被送进军政大学学习时的情景，仿佛青春的日子重临心头……

在这群学员中，有个穿着陆军军服、热情奋发的女战士，显得格外英姿飒爽，她是剧中的女主角之一林雪征，是一位年轻的共产党员，也是一位革命烈士的后代；还有个女学员叫杨巧妹，是从农村人民公社来的，她在旧社会受尽了欺压，被迫给人家当过童养媳；另一个穿花裙、扎长辫的女学员，一看就是城里的女学生打扮，名叫项菲，乐观自信，喜欢浪漫的幻想，怀有一种强烈的飞上祖国蓝天的心愿。此外，在这些女学员中，还有将军的女儿于虹，老工人的女儿肖玲玲……她们带着不同的身世和经历，为了一个共同的目标，走到了一起。

新的生活开始了。这些来自祖国各地和各个领域、性格各异的女青年，尽管每个人都有着为祖国飞行事业献身的信心和梦想，但真要飞上蓝天，成为祖国的“天之骄子”，可不是那么轻而易举的。她们也经历了想打退堂鼓、当逃兵的思想斗争的痛苦，但是她们面对困难勇往直前、坚韧不拔，为此经受了艰苦的磨炼。

随着剧情的进展，马旭感到，舞台上的生活，不也是她和身边的许多战友共同的经历吗？

“老颜，这剧怎么就像给我们写的呢？”马旭轻轻问道。

“这还用说，作家和演员肯定到部队生活过。”颜学庸小声说，“你快好好往下看。”

校党委为了加强教学工作，从陆军调来一位“老干部”杨德，担任飞行教员。起初，他对女学员成为一名坚强的空军战士持有怀疑态度。但他怀着深厚的革命感情，想方设法，联系实际，采用容易被学员理解和掌握的实物教学方法，提高了学员的学习能力。林雪征和杨巧妹文化水平低，在学习航空理论时遇到了困难。在飞行训练中，林雪征又因腿部负过伤，在飞机着陆时产生了“左偏”问题，面临被淘汰的可能。项菲虽然文化水平高，理论学习较好，但由于受到了小资产阶级思想的影响，在学习中碰到困难时，表现得不够坚强，差点当了“逃兵”……

学员们的学习过程，不仅是掌握飞行知识和体质锻炼的过程，更是艰苦的思想改造和坚忍的革命意志淬炼的过程。每一个年轻人，都在经历着双重的考验。

38 岁的王玉明是航空学校的团政委。为了使女青年们树立起正确的世界观和牢固坚强的革命意志，王政委坚定地运用毛泽东思想，针对每个人的不同情况，给予不同的教育和帮助，从而使她们增强了信心；林雪征以不怕苦、不怕牺牲的革命精神，咬紧牙关，顽强地锻炼腿功，终于克服了“左偏”难点。杨巧妹也从毛主席的《愚公移山》中，获得了攻坚克难的力量，不分昼夜地勤学苦练基本功，终于在第一次单飞时，取得了优异成绩；项菲也在党的教育和集体的关怀帮助下，认清了自己原先的那种狭隘的小资产阶级人生观，树立起了全心全意为人民服务的思想，最后也骄傲地飞上了蓝天……

看到这里的时候，颜学庸无意中瞥了一眼身旁的马旭，发现马旭的脸颊上正在无声地淌着晶莹的泪水……

颜学庸知道，马旭一定是触景生情，想到了自己走进革命队伍时的经历，想到了自己和空降兵战友们，眼下不也是面临着和林雪征她们一样的畏难、急躁甚至还隐隐地有些想“打退堂鼓”的情绪吗？

这天夜晚，走出剧场后好长时间里，马旭还沉浸在《女飞行员》的剧情里。

颜学庸陪着她在夜色和晚风里慢慢地散着步。

“马旭，还在回味着话剧里的情节吗？”见马旭一直不说话，颜学庸先打破了沉默。

“学庸，谢谢你，幸亏你带我来看了这场戏。”马旭说，“不然，要是错过了，我可真会后悔的。”

“怎么样？很受教育吧？说实话，我也被深深地感动了！”

“这个故事对我的教育和启发，可大了！我觉得，这一幕一幕的，写的也像是我和我的空降兵战友的真实生活啊！”

“是呀！烈士的遗孤，穷铁匠的女儿，受过压迫的童养媳，还有喜欢幻想的女学生，都能成为女飞行员，这是只有在新中国才可能出现的奇迹啊！对了，马旭，你注意到在故事最后，女飞行员们迈着雄壮的步子，斗志昂扬地走上各自的战鹰时，舞台上响起的是什么歌声吗？”

“怎么会不注意呢！那是毛主席的一首诗。”

“飒爽英姿五尺枪，曙光初照演兵场。中华儿女多奇志，不爱红装爱武装。”马旭和颜学庸情不自禁、异口同声地念诵起了这豪迈的诗句……

第二十二章
挚爱源自忠诚

你知道江河是怎么形成的吗？诗人白桦这样描述江河的形成：“其实，所有汹涌澎湃、浩浩荡荡的江河，在开始的时候，仅仅是些清净、冰冷的泉水，集聚在一起，在坡度比较大的山谷里活泼起来，形成幼小的江河——溪水，她欢歌跳跃，横冲直闯，爱怎么流就怎么流，花费了很多精力，走了数不清的冤枉路，那么曲折，几乎每一步都有一个弯儿。后来，有许多小溪找到了共同的方向，道路就越来越直了，成了江河，看起来变得庄重了，沉默了，拘谨了，但她却有了不可阻挡的力量，坚定不移地前进着，前进着，奔向海洋，奔向太阳……”

我们都见过洁白的蒲公英花球是怎样散开和飘向远方的，但是谁亲眼见过它们是怎样降落的呢？同样的，降落伞是怎样在空中展开，又是怎样降落到地面的呢？

稍微了解了一点降落伞和跳伞的科普知识之后，尤其是知道了降落伞是怎样在空中展开和“行走”的，我们就不难感知，降落伞的开伞和下降过程，既是一套严密的、科学的、一丝不苟的操作程序，同时也是一位跳伞员挑战自己的技术、胆识、智慧和心理素质的过程。降落伞在空中的展开过程，是一个复杂的物理过程。在伞衣展开的那一瞬间，跳伞员、所载的物体，还有降落伞的外形，都会发生一些变化，只是，大家都不曾亲眼见过。

一副完整的人用降落伞，通常会由引导伞、伞衣套、伞包、伞衣、伞绳、背带系统、开伞部件、提伞袋等 8 个部分组成。其中，只有提伞袋是在降落伞落地后，用来收纳降落伞的囊袋，在空中不会用到，其余 7 个部分，在降落过程中都有各自不同的作用，缺一不可。在降落伞的降落过程中，这些组成部分需密切配合，使跳伞员和降落伞形成一个协调统一的整体。就像一颗蒲公英的种子，既不能没有小小的种子，也不能没有与种子息息相关的浑身的绒毛。

那么，跳伞员在跳伞时，又是怎样打开降落伞的呢？

原来，有绳拉开伞、手拉开伞两种方式。

绳拉开伞，就是跳伞员用拉绳拉开伞包，让降落伞迅速展开。空降兵使用的降落伞，拉绳的强度接近1000公斤，相当于拉开伞包所需要的力量的50倍。跳伞员准备跳伞时，先将拉绳一端的弹簧钩，挂在机舱里的跳伞钢索上，跳伞员跳离机舱后，在跳伞员的重力作用下，拉绳会将伞包打开，开伞过程，分为三个完美衔接的阶段：

第一个阶段，就是从跳伞员跳出机舱到打开伞包，约需要0.9秒的时间。

这一瞬间也是跳伞员开伞前的自由坠落运动时间，受地心引力的作用，跳伞员在空中按垂直方向向下坠落；同时又受飞机飞行惯性的作用，会按水平方向，向飞行方向运动。

第二个阶段，就是伞包拉开后，引导伞会立刻从伞包内跃出，并在气流作用下迅速张开，同时从伞衣套内迅速拽出并拉直伞衣和伞绳。

第三个阶段，就是从伞衣和伞绳全部被拉直，到整个伞衣充满了空气，完全展开。在伞绳拉直、伞衣开始充气的时候，跳伞员受飞机惯性往水平方向运动的状态尚未消失，同时向下坠落的速度也较快。只有当伞衣完全充满了空气，原本还折叠在伞包的部分全部展开后，这副舒展自如的降落伞，就像一朵迎风怒放的大花朵，盛开在辽阔的空中了。所谓的“伞花”这个形容词，在这个时刻才是最形象、最准确的。如果辽阔的空中同时“盛开”了许许多多这样的“伞花”，那就可以用得上“神兵天降”“天女散花”这样的形容词了。

除了这种绳拉开伞方式,还有一种手拉开伞方式。那么，什么叫手拉开伞方式呢？它和绳拉开伞有什么区别呢？

用手拉开伞的方式跳伞，就是跳伞员在跳离机舱后，自己用手拉动拉环，打开伞包，让降落伞迅速张开。这种方式比绳拉开伞跳伞的动作要复杂，要求也更高。跳伞员必须是在掌握了绳拉开伞跳伞技术后,才能使用这种方式。手拉开伞程序与绳拉开伞的最大区别是：从跳伞员拉出拉环、打开伞包，到伞衣充满了空气、完全展开，都是在垂直运动速度较快的情况下完成的。因为手拉开伞时的水平运动速度几乎瞬间就不存在了，不仅开伞时间比绳拉开伞时间要短，开伞失去的高度也更多一些。手拉开伞的全部开伞时间约为 3 秒，失去高度约 100 米；绳拉开伞失去高度却只有 40~60 米。

对于空降兵的跳伞，许多人的心里可能还会藏着这样的疑问：跳伞员和空降的物资，在空中会不会被强大的气流给“卷走”，偏离了方向，而空降不到指定的位置？

下面我们来大致了解一下降落伞在下降过程中的“行走路线”，还有它到底是怎样“行走”的。

其实，降落伞下降时的“行走路线”，并不是像我们想象的那样垂直下降的，而是一条弯弯曲曲的下降路线。这是因为，降落伞在下降过程中，要接受来自不同方向的两种力量的作用：一种是在水平方向上，接受风力的推动，降落伞做的是水平运动的飘移；另一种是在垂直方向上，接受地心引力的吸引，降落伞会做垂直运动的下坠。

因为有着两种不同方向的力量的推与拉，跳伞员和降落伞在整个下降过程中所“行走”的路线，就不会是笔直的，而是一条弯弯曲曲的“路线”。

又因为空中的风向、风速和气流并不是固定和均匀的，有强的时候，也有弱的时候，有风急的时候，也有风静的时候，所以，降落伞下降的速度，也不是“匀速”的，而是“不等速”的。

通过了解降落伞在空中怎样展开，又是怎样降落到地面的，我们不难想象，作为空降兵，尤其是作为女空降兵的马旭，每一次跳伞，都是“勇敢者的飞跃”，都是“胆大心细的挑战”。

从 1962 年第一次跳伞起，在后来的 20 多年里，马旭在山壑丛林和皑皑雪原的上空跳过，在碧波荡漾的南海和“长河落日圆”的大漠戈壁跳过，也从武汉三镇的上空跳过，在青海格尔木海拔 5000 米的高原上跳过。

20 多年里，她先后完成了 140 多次跳伞。

看到这里，你一定会由心底发出一声赞叹：马旭真是不简单哪！

是的，马旭真的不简单，不，何止是不简单，甚至可以说是非常了不起呢。

马旭不仅跳过各种不同环境和地形，更是一度创下了我军女空降兵历史上伞龄最长、跳伞次数最多和年龄最大的女空降兵等“纪录”。

一直到 1984 年 3 月，马旭已经年过半百时，又自告奋勇出色地完成了接连两次空降任务。她虽然觉得自己对跳伞早已驾轻就熟、信心百倍，可以继续翱翔在祖国的蓝天，但空降兵部队对跳伞的年龄有严格的限制。马旭知道，终将有一天，她不能再自由翱翔在祖国的蓝天，但对跳伞的挚爱，将伴随她一生，因为这份挚爱源自她对党、对部队的无比忠诚。

1967 年的一天，马旭迎来了自己一生中最激动、最庄严的时刻。

她站在鲜红的党旗下，激动地举起右拳，庄严地宣誓：“我志愿加入中国共产党……随时准备牺牲个人的一切，为全人类彻底解放奋斗终身。”

从 1947 年到 1967 年，时间过去了整整 20 年。如果说 20 年前，少女马旭参军，是妈妈给她选择了一条宽广的大路，那么后来的 20 年，马旭在党的领导下，在解放军这个革命的大熔炉中，百炼成钢，从一名军中的“白衣天使”，成长为新中国第一代空降女兵，现在又成为一名光荣的共产党员，马旭在妈妈给引导的大路上，一路活出了精彩，活出了意义，以后她还要活得更有价值，为党和国家做出更大的贡献。

和丈夫颜学庸相比，马旭算是一位新党员。

“祝贺你，马旭同志，你多年来的一个最迫切、最美丽的心愿，终于实现了！”颜学庸向自己亲爱的妻子、战友和同志，献上了真挚的祝贺。

“学庸，我的进步，什么时候也离不了你的帮助。”马旭感激地说，“这么些年来，你特别善于做我的思想工作。”

“有吗？我怎么不知道？说来听听。”能得到马旭的夸赞，颜学庸心里很高兴。

“你记得吗？有段时间我对跳伞产生了畏惧和逃避思想，你看出来了，没给我讲什么大道理，却拉着我去看了话剧《女飞行员》，看完这个剧，我的思想疙瘩一下子就解开了。”

“那你还记不记得，在林雪征和学员们中出现了犹疑、畏缩和气馁的情绪的时候，王政委用林雪征的父母亲在战争年代表现出来的革命气概，鼓励她去重拾勇气、坚定信心和战胜困难的那段对话吗？”

“记得，当然记得。”马旭说，“我也考考你，看你记不记得了。我演林雪征，你演王玉明，怎么样？”

“演就演。不过……”颜学庸说，“演戏，我可赶不上你哟。”

林雪征　政委！听说要学飞行，喜欢得我流出了眼泪……我也想到过有难、有苦，可是我有信心，凭着党的领导和自己对革命的一颗心，能飞出来，能当一个空军战士！哪知困难这么多，克服一个，又来一个，比我想的要多得多！

王玉明　我告诉你，这还刚刚开始，更困难的还在后头呢！困难，的确困难啊。雪征，我告诉你，你一生下来就在困难当中，你妈妈……怀着八个月的你，跟部队一起长征。在雪山脚下，生下了你。产后，你妈妈不但拒绝别人照顾，还奋不顾身去抢救伤员……她，她牺牲在草地里了！我的两个箩筐啊，一头是党的文件，一头是你这个刚满月的婴儿。我挑啊，挑啊，一直挑到了陕北……你知道吗？你在宝塔山下，延水河畔，在毛主席的身边，长到了 11 岁……雪征，那我问你，你还记得第一次见到你爸爸的情景吗？

林雪征　记得。爸爸说，只要世界上还有反动派，革命的后代，一辈传一辈，辈辈要武装！

王玉明　那我问你，你当小护士的时候，在抗美援朝战场上，一连从火线上背下四个伤员，在背第五个时，你身上负了伤，迎面敌人冲来的时候，你想到了什么？

林雪征　想到人民，想到党，想到毛主席！

王玉明　对呀，是党和毛主席培养你一步一步成长起来的，那我问你，你……你们做中国的第一代空中女战士，你说这意义有多么重大！

林雪征　政委，我明白啦……困难，我不怕，困难有天大，我比天还大！

“哈哈哈，‘困难，我不怕，困难有天大，我比天还大！’这句话，咋听咋像你马旭说的话哟。”颜学庸说。

“哈哈哈，你刚才在台词里加了好几个‘那我问你’‘我告诉你’，剧里可不是这样说的。”马旭笑道，“你真把自己当成政委了。哈哈哈！”过了一会儿，马旭止住笑，认真地对颜学庸说：“学庸，你放心吧，没有共产党，就没有我马旭的今天。现在，我们都是党的人了，我一定会一辈子听党话、跟党走，为党工作一生、奉献一生，奋斗到底！”

颜学庸把瘦小的马旭紧紧搂在怀里，轻声地说道：“你也放心吧，我也会陪伴着你这位新党员，继续为党工作，奋斗到底！”

马旭在入党不久之后的日记里曾这样写道：“人的一生是有限的，而为祖国做贡献是无限的，只要生命不息，就得奋斗不止。”

作为一名共产党员，革命军人，马旭在她入党以后的几十年里，又是怎样践行她对党对人民军队的忠诚呢？

读者们一定还记得，我们在讲述马旭小时候的故事时曾经讲过，马旭的姥爷曾当过清朝宫廷里的“御医”。后来，姥爷离开皇宫，回到木兰县行医，给乡亲们看病治病，积累出了一些颇有疗效的中医“偏方”，特别是有几个治疗胃病的“祖传秘方”，马旭从小就略知一二。

因为马旭和颜学庸夫妇俩都曾在军医大学学习过，又有过从事军医工作的经验，所以这个时期，夫妇俩的科研和发明“清单”上，也少不了跟医学有关的内容。本来嘛，夫妇俩潜心搞发明的初衷，就是出于对自己的战友和同志的挚爱，出于对战友们的身体健康和生命安全的保护。所以，两个人重回救死扶伤的“老本行”，也是再自然不过的事情了。

有意思的是，马旭重新研究和光大了自己的姥爷当年留下的“祖传秘方”，与颜学庸经过反复的试验之后，竟然研制出了一种专治胃病的药。颜学庸戏称，这个经过改良后的药，可以叫作“马旭生命宝”。

1999年，国家专利局确认了“生命宝”这一项发明专利。当时，一位香港制药商闻讯后，第一时间找到了马旭夫妇，仔细询问了“生命宝”的来龙去脉，最后提出，愿意一次性拿出100万人民币，买断这项“专利”。在1999年，一个“万元户”往往都会让普通的中国百姓感到惊讶的年代，100万元，几乎就是一个天文数字。

但是，马旭竟然丝毫不为所动。她淡淡地笑着对这位彬彬有礼的香港药商说：“先生，我搞这个发明，图的可不是多少金钱。而且，我的发明专利也不属于我个人。”

“马女士，这项专利的拥有人，不就是您个人吗？”

“不，你看，我还穿着军装哪！”马旭说，“我是属于人民军队中的一员，我的一切，也应该属于军队，应该交给国家和人民。”

虽然是一次没有谈成的“合作”，但马旭的一番话，却让这位香港商人大受触动，临走时，对着马旭夫妇深深鞠躬道：“难怪我听到内地的一些朋友讲，您有一颗真诚的大爱的心、爱国的心哪！”

“你过奖啦，我不敢当呀！比起我的一些战友来，我做得还远远不够呀！”马旭夫妇微笑着送走了来客。

正如那位港商所说，马旭有一颗真诚的大爱的心、爱国的心。她爱空降兵事业，爱党，爱祖国，爱人民……她像本章开头所说的小溪一样，满怀忠诚，以不可阻挡的力量，坚定不移地前进着，前进着，奔向海洋，奔向太阳……

第二十三章
科研硕果

大漠，是骆驼跋涉的沙海；草原，是骏马奔驰的疆场；长空，是雄鹰翱翔的家乡；蓝天，是空降兵们永远留恋的地方。

1984 年 3 月，51 岁的马旭又出色地完成了两次空降任务后，部队从安全角度考虑，不再批准已经超龄的马旭登机跳伞。

不能跳伞了，一个空降兵的职业生涯是不是就此宣告结束了呢？当然不会的。

告别了她眷恋不舍的蓝天之后，马旭很快就找到了自己新的奋斗目标：总结自己多年的跳伞经验，尝试着做一些跳伞员装备方面的改进、研制和发明工作。

多年以来，在一次次的跳伞过程中，马旭其实也在不断地发现一些问题和思考一些问题。比如，她在跳伞中就发现，跳伞员所受的外伤比较多，尤其是踝关节，最容易受伤，甚至造成骨折。一旦有了骨折之类的创伤，势必造成空降兵的减员。

“这可不是个小问题啊！”有一天，马旭忧心忡忡地对颜学庸说，“你别嫌我‘乌鸦嘴’呀，你想想，要是100个人跳下来，有10个或者8个的受伤了，骨折了，一年累计下来，那可就不得了了！这样下去还怎么打仗？怎么执行紧急任务？”

“你的意思是……”颜学庸似乎知道马旭在琢磨什么了。

“如果造成部队减员，那问题可就大了！”马旭说，“既然我们看到了这个问题，就应该想方设法去解决这个问题。我们应该好好调查研究一下经常造成脚踝骨受伤和骨折的原因啊。”

当时，在世界空降领域里，美国的空降兵使用的是一种顺胫式护踝装备，有保护踝骨的作用，但一副护踝装备，用过一两次以后，就不起作用了；苏联空降兵用的是一种绷带式的保护装备，也起到了一定的保护作用。

马旭和颜学庸仔细比较和研究过这两种护踝装备。

马旭判断说：“‘苏联老大哥’用的这种绷带，打绷带的时候需要一定时间，落地后解绷带时，又得花费一定的时间。如果是在作战时，空降兵部队需要快速反应，才能赢得时间，好打胜仗。这个打绷带、解绷带花费时间太长，肯定要耽误部队集结和打仗。”

“对了，马旭你看，能不能搞出一种类似这样的护踝装备呢？”颜学庸往上提了提自己的两条裤管说。

“像裤子一样的护踝装备？”马旭问道。

“什么像裤子一样？”颜学庸笑着说，“裤子下面是什么？”

“是袜子！”马旭眼睛一亮，“你是说，像袜子一样的护踝装备？对呀！如果能像穿袜子一样方便，那就省去打绷带、解绷带的时间了！”

“对呀！你想一下，要是能搞出一种像袜子一样的护踝装备，我们在跳伞之前，先给它吹上气，等落地的时候，脚下的空气就会到脚踝处，加强了对踝关节的保护，减少了冲击力。这样不是又方便又省时间吗？”于是，说干就干。马旭拉着颜学庸，按照这个思路，悄悄地琢磨和研究着这样一种护踝装备。

功夫不负有心人。马旭穿上自己亲手制作的这样一双特殊的“袜子”，悄悄地试验了很多次，发现这样的“袜子”颇为有效！只要跳伞前，先穿上这样一副充了空气的护踝袜子，人在降落时，就像跳到了气垫上一样。

马旭后来又让别的一些战友试穿了数次，果然，再也没有发生跳伞时损伤踝骨的事故。

这可不是一双普通的袜子呀！它给跳伞的战友们带来的是“零伤损”。一时间，空降兵的官兵们都很惊讶，也很享受马旭夫妇俩发明的这一项成果。

这项“充气护踝装备”，得到了跳伞战友们的多次验证，也受到了部队装备研发部门的肯定，夫妇俩甚至还拥有了这项“专利”，获得了部队发给的奖金。

这是她和丈夫颜学庸的“霜刃初试”，没有想到，这次创新竟然获得了极大的成功!

1983年4月,《解放军报》在头版头条位置,用通栏标题,报道和肯定了马旭夫妇的这项创新,说他们研制出的充气护踝,结实、轻便、柔软,优于美国和苏联的空降兵护踝。报道中还说,他们的创新,填补了我国这方面的空白,使跳伞着陆时冲击力减半,扭伤情况接近于零,这也极大地鼓舞了这对军中夫妇。

有了这次的“霜刃初试”,马旭和颜学庸对空降兵日常装备和安全保护方面的研究、革新和发明的兴趣变得更大,信心也更足了!

革新和发明,源于他们真挚的热爱——有出于对战友们的身体健康、生命安全的爱惜与保护的考虑,也有对自己从事了20多年的空降兵事业和跳伞生涯的敬业与热爱。

从此,夫妇俩的科研和小发明一发而不可收。他们又先后为跳伞员进行了无数次改革试验,很多发明、创造在军中得到了广泛应用。

马旭后来这样回忆说:“一旦进入了这个领域,我们就黑天白夜地想啊,挖空心思地琢磨啊!有时候,半夜里,我突然想出了某个道理，就兴奋地把学庸喊醒，给他讲清楚我的想法；有时候，他想到了某一个好点子，哪怕是深夜，也要把我喊起来，分享他的创意。年复一年，日复一日，我们围绕着如何解决跳伞中容易受伤的各种可能发生的状况，想出了各种各样的办法。就说那个‘充气护踝’吧，前后一共画了600多张图纸，最后一张图纸通过了专家的认定后，接下来，对于使用什么材料的问题，还有待解决。于是，我们又四处寻访，最后，终于找到一家合适的工厂，那是一家生产航天服装的厂子。但一开始时，他们不同意给我们生产。我们好说歹说，又请朋友从中间‘斡旋’，真的是‘晓之以理，动之以情’，最终他们答应了给我们做这个产品。”

继“充气护踝”之后，马旭和颜学庸的另一项给战友们带来贴心的保护作用的发明，就是“高原供氧背心”。

我们知道，空降兵一旦有跳伞任务，那是不分高原和平川、雪山与峡谷的。有时候，他们需要在海拔很高的高原上执行空降任务。

有一些日子里，马旭和战友们在青海格尔木执行空降任务。这里的海拔有四五千米，在这样的环境下高空跳伞，人就很容易缺氧。一旦缺氧，伞兵落地后，就无法迅速往集合点集结，甚至小跑数步就呼吸困难了。如果背一个有一定体积的氧气袋在身上，显然不妥，整个伞包装备本身就要求越轻便、越简洁越好。

那么，能不能发明一种可以穿戴在身上既轻便又实用的装氧气的东西，以备急需呢？

于是，夫妇俩经过了多次试验之后，又研制出了一种可在高原雪山环境下空降时穿戴在身上的高原供氧背心。它们看上去厚厚实实的样子，其实里面充的不是什么太空棉或棉絮，而是空气。可不要小看空气的填充，它可比用太空棉什么的来填充要难得多、复杂得多！因此这个产品也就有了自己的“门槛”，有了它的“技术壁垒”。

有了这么一件特殊的“背心”，既能给伞兵们及时补充氧气，保持持续的战斗力，穿在身上又不占伞包空间，简便实用。“背心”穿起时很轻，几乎没有什么分量；一跳下飞机后，伞兵可把氧气管口吸到鼻孔里，还能够当作救生背心。

马旭后来这样回忆过他们研制“供氧背心”的另一个背景：“部队当时常用的一种小钢筒，就是医院那个氧气筒缩小了，大概有大碗口那么粗，一尺多长，50 多斤重。战士们的武器装备负重本来就够大了，再加上这 50 多斤，就得有 150 多斤重。负重太大，肯定影响战士们在高原上空降后的快速集结。而且，万一小钢筒遭遇了炮弹，就会冒出长长的火苗，战士们就会以为自己身上着火了，难免心生畏惧，所以轻易不敢用它。我们俩根据这个情况，想办法来做出个‘轻软’一点的。但是，我们首先遇到了一个难题，就是怎样储备氧气。就算我们能把氧气控制在一定的位置上，但是氧气还会外溢，造价也很贵，因为所有材料都必须采用航天服的材料。这种材料不能缝制，一般的粘胶黏度也不行，需要特制。经过反复琢磨和试验后，我们攻克了一个个难题，并进一步完善确定了研制方案和使用方法，穿上这种背心，一上飞机就充上氧气，到了高空，想吸的时候也可以吸，不吸时就关上。而且，我们还在背心贴着心脏的部位，安装了一块防弹钢片，遇到弹击时，能避免心脏部位受伤，也可赢得及时抢救的时间。而且这种背心分量很轻，除了可以供氧，还能在水上漂浮，作为救生器材。在高寒地区，这个背心还有一定的保暖作用。空降兵跳伞，一般的冲击力是 1000 多公斤，坚硬的地面也能踏出个大坑，人如果不慎往后一仰，脑袋可能就会受到撞击，受到损伤，身体一歪倒，也可能发生骨折，或者是腰部发生压缩骨折。有了这样一件特殊的“供氧背心”，这些问题就可以避免了。”

也真是奇怪，一旦进入了科研和发明的领域，马旭和颜学庸夫妻俩如入山阴一般，感觉事无巨细，什么事情、什么装备、什么日常细节，都值得重新去仔细地琢磨琢磨。

夫妻俩搞科研发明，简直进入了“痴迷”状态。马旭说：“我们陆续发表了好多科普知识的小文章，有的是战友们平时不太注意的一些护理小常识。比如，冬天伞兵训练时容易冻伤，如何防护呢？伞兵犯了胃病，该怎么办？过去那个年代，我们的战士大多数文化程度不太高，不像现在，都是大学生，懂科学、有见识。过去啊，我们的伞兵战友对跳伞、开伞考虑得多，但也常常心存疑虑，甚至不相信通过科学的解决方法能保证伞包和伞衣都能顺利打开。所以，假设明天要跳伞了，今天就要提前叠伞，把伞叠好后，再送去保存。但是，等晚上吃完饭，熄灯号吹过了，要开始睡觉休息了，有的战士却睡不着了，他们会想：明天这个伞会不会打不开啊？万一打不开该怎么办呢？所以，心理压力很大。一想到这些问题，我和学庸也睡不着了。我们俩倒不是担心和害怕，而是觉得还有许多工作可以做，还有许多小发明值得再去琢磨……”

就这样，从 1983 年开始，马旭夫妇俩把自己的“关注点”，把自己几乎全部的心思和精力，都投入在了科研、革新和发明工作上了。夫妇俩“妇唱夫随”，先后在报刊上发表了上百篇涉及空降兵日常生活护理、常见风险的防范、装备改良、心理健康辅导等方面的科普知识、经验总结、实践体会和学术探讨文章。两人还合作撰写了《空降兵生理病理学》《空降兵体能心理训练依据》等颇具实用性和指导性的专著。两人发明的专利项目，先后获得了“爱迪生国际金奖”“紫荆花国际金奖”等。所以，不知从什么时候起，马旭有了“军中居里夫人”的美誉。

马旭听到后，赶忙摆着手说：“居里夫人是大科学家，我不敢当呀！我和学庸一起搞这些小发明，不为别的，就是出于对 20 多年跳伞工作的热爱和不舍，出于对空降兵战友们的身体安全考虑的。”

第二十四章
爱比天空更辽阔

马旭和颜学庸正式离休后，婉谢了部队为他们安排的比较宽敞和舒适的住房，数十年来，夫妇俩一直居住在武汉市远郊黄陂木兰山下一处普通的农村院落里。

也算是一种巧合吧，这个出生在北方的“木兰的女儿”，后半生依然是一位“木兰人”——与一座名叫“木兰”的山和山下的一个名叫“木兰”的湖朝夕相处。

身在江南的木兰山下，但马旭的心中，念念不忘的是远在 2500 公里之外的家乡——革命老区木兰县。

2018 年 9 月里的一天，马旭由老伴颜学庸陪着，走进武汉市的一家银行，向柜台工作人员提出要汇一笔款子。

工作人员一看老人填写的汇单，汇款数额高达几百万元，而且收款地址是在北方的一个较为偏远的地方：黑龙江省木兰县。

出于职业上的警觉，工作人员不禁有点怀疑，两位老人可能遇到了电信诈骗!

一开始时，工作人员还试图从两位老人口里问出一点什么，但两位老人似乎也有点“警觉”，在“防范”着什么，所以，话语间有点“遮遮掩掩”，并不想对工作人员明说，为什么要汇出这么一大笔巨款。这样，就让工作人员更加猜疑起来。于是，他们一边假装在帮着老人办理业务，一边悄悄报了警。

民警很快就赶到现场。经过一番仔细地询问和核实，银行的工作人员和民警终于弄明白了，原来，两位老人都是湖北省军区的离休干部，他们这次来银行，是决定把几十年来的积蓄，分成两次，全部捐给马旭的家乡木兰县。因为他们不想在这件事上有什么张扬，所以，在工作人员询问他们时，就有点欲言又止“遮遮掩掩”的，没想到，这样反而给工作人员更增添了几分疑虑和误会。

得知了实情，在场的民警和工作人员，还有银行的值班领导，都有点震惊和感动了。再仔细一交谈，他们还获知，两位老人都是参加过上甘岭战役的志愿军老兵，老奶奶还是新中国第一代女空降兵的一员……

那天，银行工作人员带着崇敬的心情，为他们办理好了汇款手续。银行的值班领导还热情地把两位老人请进贵宾室休息。“说实话，能接待像您二老这样特殊的‘客户’，这是我们银行的荣幸哪！”银行领导激动地表达着对两位志愿军老英雄的敬慕之情。

消息不胫而走，很快引起了当地媒体的关注，也在武汉三镇的市民中口口相传，迅速传播开来。两位一向低调行事的老人，无意中进入了公众的视野。

自从少小离家，开始了南征北战的戎马生涯之后，马旭心里总是藏着一份愧疚，觉得对自己家人，特别是对自己的姥爷、母亲，没能尽半点孝心，对自己的弟弟和老家的晚辈们，也没有尽一份责任。“梦里依稀慈母泪”，她是木兰达河的女儿，但是，对于哺育过她的故乡母亲，她也是睽违已久，总是远隔千山万水，一直无法回报故乡的养育之情。

“谁言寸草心，报得三春晖。”藏在心底的这份愧疚，还有总想报答一下故乡的感恩之心，一直伴着马旭到了耄耋之年。

虽然离开家乡多年，但马旭时刻都在关注着家乡的消息。

像全国各地一样，改革开放40多年来，木兰达河两岸早已发生了翻天覆地的变化。有时候，从报纸上看到家乡的某一个好消息，她一整天都会兴奋不已，甚至彻夜难眠。

有一天，她拉着颜学庸，给他看一张报纸，上面写到了她家乡的变化：“你看看，你看看，我在老家上学的时候，全县也就一两所小学校，还都是日本人办的，用来奴化中国少年的。现在的变化多大呀！你看，截至2018年，我们木兰县已经有57所中小学校了！县城里且不说，光是乡镇，就有13所初中，36所小学，外加一所特殊教育学校。真不容易呀！这不是巨变又是什么！”

“你不是一直也在想着，要为家乡做点贡献吗？”颜学庸笑眯眯地建议说，“是到了我们去做点什么的时候了，依我看，晚做不如早做。”

“是呀，要趁着一息尚存，我们自己把最后的‘战场’打扫好！”马旭说。

“嗯，你这个比方打得很恰当。我们把自己的‘战场’打扫好，不给后人添麻烦。”

“没有家乡送我出去参军，就不会有我的今天。所以我一直想为家乡做一件稍微能拿得出手的事儿。”马旭指着报纸说，“你看，现在各地都在搞‘精准扶贫’，我觉得，这是我们报答家乡的最好的时机。”

“是呀，到2020年，我们的党和国家，在全国范围内，一块地方也不落下，将全部完成脱贫攻坚的任务，使贫困人口实现脱贫、贫困县全部摘帽！这可是党对全国人民作出的庄严承诺，也是全面建成小康社会的一个重要标志。”

“谁说不是呢！实现了这个目标，千百年来压在中国人头顶的贫困的帽子，算是彻底摘掉了！这在中华民族几千年历史上是从来也没有过的！想想这个，能不让人激动吗？”

“岂止是在中华民族历史上，就是在全人类的历史上，也是一个了不起的前所未有的壮举和大事件！所以你看了没有，全国各地有不少转业军人、退伍老兵，都纷纷‘请缨’，要求留在山区，坚守在脱贫攻坚战的第一线，一直战斗到取得最终胜利为止。”

“从部队里走出的人，一代又一代，都无愧于‘人民子弟兵’这个称号，跟我们当年从朝鲜战场上回来的人一样，都是‘最可爱的人’！”马旭说，“要不是我们俩都老了，干不动了，我倒是真想拉着你一起，回到我老家去，仍然像个军人的样子，当一名全心全意为乡亲们纾困解难、冲锋陷阵的老兵！”

那一晚，两位老人一会儿回忆过去的战斗生活，一会儿又回到一份份剪报上的脱贫攻坚故事上，真是思绪万端、感慨万千。

最后，两位老人商定，要拿出几十年来两人所有的积蓄，捐献给马旭的家乡木兰县，为家乡的“精准扶贫”和青少年教育事业做点贡献。用马旭的话说，“为家乡做一件稍微能拿得出手的事儿”。

1000 万元，是马旭在心中默默定下的目标。

马旭也曾征求过颜学庸的意见：“这些积蓄，要不要分别捐给你的家乡、我的家乡各一半？”

“我看不必了。”无论什么时候，颜学庸都是大度的，任何事都是“让”着马旭的，“你也知道，我家乡的经济条件，比你们木兰要好得多；再说了，我们的那些积蓄，分开了，也许就变成了‘杯水车薪’，起不了多大的作用，还是‘合成一股绳子’，也许能顶上点事，发挥点作用。”

1000万元！对于个人积蓄来说，这当然不是一个小数目。很多人看到这里，也许不免会感到好奇甚至惊讶：这两位老人，是从哪得来这么多的钱呢？

细说起来，马旭和颜学庸老两口的积蓄，大约主要来自下面四个方面：

一是两个人平时省吃俭用节省下来的工资存款。马旭从入伍后领到的第一个月的津贴开始，就一分一厘地节省着用，能省就省，几块钱、几毛钱地积攒起来，甚至包括妈妈当年缝在她衣袋里的那枚铜元，后来她也兑换成了人民币，存进了银行。她和颜学庸都是在新中国成立前参加革命工作的，按照国家政策，都是享受离休待遇的老干部，所以，两个人离休后的工资都比较高。因为两个人都习惯了省吃俭用，所以，每个月存进银行的积蓄，相比一般的工薪阶层，还是比较高的。日积月累，聚沙为塔，就颇为可观了。

另一部分收入，来自两位老人多年来不断钻研技术改进、陆续研发的那些发明专利。从早期的那项“充气护踝”的发明专利，再到 1996 年获得国家发明专利证书的“单兵高原供氧背心”等，这些发明都在空降兵的日常生活和军事训练中发挥了作用，有的至今还在军中使用着。按照规定，这些发明专利也为两人带来一定的收益。

还有一些收益，来自时常在军内外报刊上发表的科普文章、论文，以及两人编著的《空降兵战时卫生勤务保障》《空军连队教材》《空降兵生理病理学》《空降兵体能心理训练》等专著的稿费。这些稿费他们同样舍不得花，一分一厘都存进了银行。

最后一块收益，是老两口兴趣广泛，老有所学、老有所为，时不时地拿出部分积蓄做点“短期理财”，竟然也能“小有斩获”。再加上银行存款是有利息的，本金越大，利息就越多。

所以，马旭给自己定了个 1000 万的捐献目标，还是十分“有底气的”。而对她的家乡木兰，这样一个多年来相对还比较贫困落后的革命老区来说，1000 万，不仅是一个不小的数字，一份“沉甸甸的厚礼”，也是木兰县有史以来接到的数额最大的一笔来自个人的爱心捐款。

当然，这笔积蓄，是马旭和颜学庸用毕生的克勤克俭，像双燕衔泥一样，一点一滴地积累起来的，这笔捐款，也凝聚着马旭老人感恩家乡、回报家乡的长情大爱。

这份爱，比木兰达河流淌不息的河水更长更深；这份爱，比巍峨的鸡冠山更高；这份爱，也比马旭毕生所热爱、跳跃和飞翔过的天空，更加辽阔和高远……

但说到自己的这份捐献，马旭却只是平静地说道：“这是我对家乡教育和木兰的后代们的一点点心意，只要孩子们能够接受好的教育，将来有知识、有力量建设祖国、建设家乡，那么，我们家乡的发展就会永远充满希望。”

第二十五章
感动中国

在一般人的想象中，或者是按照人之常情来说，能够慷慨地捐出1000万元给自己家乡的人，自己平常住的、吃的、用的，至少也应该是宽敞、精细和富足一些吧？

但是，这样的“人之常情”，在马旭和颜学庸两位老人这里，几乎是用不上的。我们在前面讲到过，马旭和颜学庸离休后，按照他们的军衔级别，完全有资格住在部队安排的专供离休老干部居住的大院里。但两位老人婉谢了组织的好意，而是在武汉市远郊的木兰山下，找了一处僻静的、不太起眼的农家小院居住下来，过起了一种老农民式的“乡居”生活。从这个选择上也可看出，这两位革命战友加心心相印的革命伴侣的老人，在每一件事情上都是“志同道合”的。

他们的小院，是实实在在的农家小院，两间自己搭盖的低矮砖房，算是他们的起居室；在院子一角开辟出一小片菜地,边上种上了几棵橘树,中间可以种一些时令的蔬菜。

“我们平时吃的蔬菜都是自己种的，这样既能节省买菜的钱，也能锻炼和活动一下身体，一举两得呢。”看上去，老两口都很享受这样的“自给自足”的简朴生活。

走进低矮的屋子里，看一下屋里的摆设，任何人都不敢相信，这就是两位离休老干部的全部“家产”。不足10平方米的房间里光线昏暗，因为常年的雨水侵蚀，墙面上几乎找不出一块完好的地方；一些显然是20世纪80年代或更早些时的农村才有的简易的桌、凳和木柜，每一件似乎都带上了“时光的痕迹”。

一个旧书柜里，塞满了一些旧书和文件资料袋，每一个资料袋上，清晰地标记着里面装的内容：有中医方面的剪报；有空降兵卫生健康方面的剪报；有关于时事学习的剪报；还有一些关于小发明的科普知识……

一张已经放不太稳当的小方桌，就是两位老人的饭桌，也是他们读报、写文章、贴剪报用的“工作台”。

对了，还有一台柜式的小冰箱，外表的颜色部分已经脱落，显露出了锈迹……看上去，这台冰箱少说也有二十来年的“资历”了。

说到两位老人平时的穿着，熟悉他们的人，更是再熟悉不过了：两位老人几乎常年都是穿着干休所配发的有着鲜明的“空军蓝”色调的迷彩服，迷彩服给这两位老人打上了十分鲜明的“辨识度”，也是他们心中永远的不舍和最为“时髦”的“职业装”。

“穿着这身迷彩服，不论在什么时候，也不论走到哪里，我们都会时刻记着，自己是一名老战士！”马旭是这样解释自己为什么总是爱着这身迷彩服的。

“还有一点，现在的年轻人，特别是在热恋中的男女朋友，不是都讲究要穿‘情侣装’吗？”颜学庸老人也笑着说，“你看，我们两个人不也是穿着‘情侣装’吗？”

“对呀对呀，还是一身永远的‘情侣装’哪！”马旭听到老伴这个说法，也像含羞的少女一样，笑了起来。

二十多年前，马旭的一位老战友，委托在武汉出差的女儿，特意来到木兰山下，找到了马旭和颜学庸的农家小院，来看望马旭。

没想到，这位老战友的女儿一看到两位老人是在这么简陋和清贫的屋子里生活着，忍不住流下了眼泪，说："马阿姨，颜伯伯，我要是把你们的生活状况，回去如实讲给爸爸听，他老人家一定也会心里难受的。你们太苦自己了！"

临走前，这个女孩特意仔细量了一下马旭老人的衣服尺寸，然后赶到市区，买了一件合身的红棉袄送给老人。这件款式漂亮的红色短绒外套，老人平时也舍不得穿，只在过年过节或逢上什么喜庆的日子，才拿出来穿一下。到现在，这件红棉袄已经褪色了、破旧了，但老人依然十分珍爱着，它是马旭晚年唯一的一件"女儿装"。

马旭还有一双早已磨破了皮的黄色长筒靴，这也是她少有的一件"奢侈品"。

"我们俩平时都是穿以前部队给配发的军装和军鞋，这些衣服鞋子质量好，哪怕旧了破了，补一补、修一修，还能够穿好久。"马旭老人掐着手指，算了一笔账，说，"部队上发的胶鞋，质量真的好，穿个三四年也穿不坏，有时磨破了，让附近修鞋的帮忙补一补，再穿上几年都没有问题。所以，这么多年，我们俩基本没有去商店买过什么衣服和鞋子。你看看我脚上的这双军鞋，我都记不清有多少个年头了。比起战争年代里我们穿草鞋、麻鞋，甚至急行军跑掉了鞋子，就光着脚板在雪地上奔跑，不是强很多了吗？”

“按说，我们老两口的离休工资都不低，但是在生活上，我们的原则是能省就省！”颜学庸说，“你们看我老伴的那双鞋，还是‘人造革’的。现在谁还穿‘人造革’的鞋子嘛！”

“这双鞋子，穿得久了，裂开了，我已经买回了粘胶，等天气好了，我洗洗晒晒再粘一粘，还能穿。”马旭笑着说。

离休之后的几十年里，两位老人的日常三餐，更是简单得不能再简单。早餐一般就是两个馒头，再加一杯牛奶；午餐和晚餐，通常就是“一锅煮”了——把从菜地里拔回的几种菜洗好、切好，放在锅里一起煮，当然，还要再放点油和盐，有时候也切点肉丝、肉末放里头。

颜学庸略带自嘲地说：“这既算是‘冷盘’，又是‘热炒’。”

那么，如此简单和清淡的饮食，营养能够吗?

马旭笑着说：“我们都是医生，吃得虽然简单，但摄入量能够满足身体的基本需求就够了，不需要什么大鱼大肉的。再说了，少吃一些油、盐和大鱼大肉，反而有利于身体健康。我们都80多岁了，你们看，身体都还不错吧?我们俩从来不到外面的馆子吃饭，几乎也从没尝过什么海参、鲍鱼的味道，我们不需要那些东西。比起在战场上时，我们的志愿军战士只能吃冻土豆的日子，咱们今天的生活，已经是地下和天上的区别了！比起我小时候过的那种饥无粮、寒无衣的生活，现在吃得饱、穿得暖，我们已经很知足、很感恩了，我和老伴还有什么不满足、不知足的呢？”

马旭还记得，有一年，他们在云雾缭绕、群山逶迤的大洪山山区进行空降训练。当时，为了训练空降兵的野外生存能力，七天七夜的时间里，部队只给每位参与跳伞训练的人提供了1.5公斤的米，外加7两食盐，从部队首长到连长到战士，都是同一个标准。这次野外极限训练，让马旭记忆深刻的是，到最后，在食物消耗殆尽的状态下，大家只能勒紧腰带，打紧绑腿，“就地取材”，在山野间寻找和挖掘所有能够充饥的东西，植物的块根、野菜、野果……只要能填进肚子里的，再苦再涩也要坚强地吞下去。

“所以，跟那样的艰苦生活相比，我们今天吃的这点苦，我们今天有的生活条件，还能叫作‘苦’吗？如果拿今天的生活再和我们在朝鲜战场上经历的‘吃一口炒面就着一口雪’的日子相对比，和我们经常在一场急行军完成后，靠着山沟的石头和一棵大树，甚至在稍微能避一点寒风的雪堰下，也能睡着的战斗生活相对比，我们这个屋子的陈设还能说‘简陋’吗？所以，我们很知足的，从来不觉得这是一种‘苦’。相反，如果日子过得太铺张、太享乐，那就是忘本，就是奢靡，就是对我们的‘初心’的背叛！我们俩作为两位永不下火线的‘老兵’，作为受党教育多年的共产党员，从来不会去追求什么享乐和奢靡的生活的，哪怕一点点浪费和奢靡都不行！”

如果一定要从两位老人的屋子里，找出一件稍微显得“贵重”一点的用品，马旭说：“那也许就是这两个书柜了。这可是我家里‘最值钱’的东西，是我搞科研时打的柜子，花了五六百块钱。主要是为了分类存放各种科研资料和剪报。当然，这些资料大多和我一生热爱的空降兵有关。”

仔细地了解了两位老人的日常生活后，我们就不难想象了，马旭老人捐给家乡的那1000万元巨款——自木兰县有史以来接收的数额最大的一笔个人捐款，这是两个人用每一天的省吃俭用、近乎吝啬般地“克扣”着自己，一分钱、一毛钱、一块钱地积攒起来的。

“我们过去常说的一句话，叫‘翻身不忘本’，说得对呀！我到什么时候也不能忘记我家乡的父老兄弟姊妹们。我也不能说自己老了，就等着国家来养活我们，而是应该老有所为，老了也要为国家、为社会多做点贡献。一个人能力有大小，我要是能力大点，我就多贡献一点，因为我能力就这么大，我就尽我所能贡献一点是一点。反正心里总是要装着和想着国家，装着和想着人民，这才是我们做共产党员的、当革命战士的初心和本分哪！”

2019年2月18日，中央电视台一年一度的“感动中国”年度人物颁奖典礼，马旭再度吸引了全国观众的目光。

马旭，这位个头瘦小、满头银发、身穿空军部队迷彩服的老奶奶，在丈夫颜学庸的陪伴和少先队员的簇拥下，平静地走上舞台中央，接受了主持人诵读的“感动中国”组委会向她致敬的“颁奖词”：

少小离家，乡音无改，

曾经勇冠巾帼，如今再让世人惊叹。

以点滴积蓄汇成大河，灌溉一世的乡愁。

你毕生节俭，只为一次奢侈。

耐得清贫，守得心灵的高贵。

马旭当之无愧地获得了亿万观众评出的“感动中国”2018 年度人物的荣誉。

在颁奖现场，马旭和颜学庸两位老人像平时一样，仍然每人一身质朴而又威武的迷彩服。

主持人问颜学庸老人：“为啥阿姨跟您都穿着这身衣服（空军部队发的迷彩服），是感情啊？还是……”

颜学庸如实回答道：“我们一直喜欢穿这一身衣服，很少买什么新的衣服。赶时髦的衣服，我们很少。这些都很好，部队发的衣服都穿不烂，为啥不穿呢？”

主持人笑着说道：“年轻人中间，现在最时髦的叫‘情侣装’是吧？你们这就是最好看的‘情侣装’！”

接着，主持人又问马旭：“阿姨，还有几个月，听说您还有几百万，也到期了？”

马旭轻轻笑了笑，说：“是的。”

“是不是还得去一趟银行？”

“是还要去呀。我家乡的人，还有我们两个，我们共同到银行去，这样就免得转账当中出差错。等所有捐款都到了我家乡了，我就放心了。”

“没错，阿姨，一会儿您可以对着镜头说一句，他们（木兰县）该咋花这笔钱，您可得给他们嘱咐两句。”

心地质朴又善良的马旭，不会用什么华丽的辞藻，也说不出什么豪言壮语，只是真诚地说道：“因为我在老家时就是个穷孩子，我希望我这个钱捐给我家乡的穷孩子们，希望他们得到良好的教育，有了知识就有了财富，有了财富更有知识，这样才能良性循环。”

主持人动情地说：“谢谢您！家乡的孩子一定也爱你们！谢谢阿姨，谢谢大爷！”

马旭捐助家乡儿童教育事业的心愿，确实就是这样简单和朴素。回到武汉后，她对记者说的也是几乎一样质朴和真诚的话语：“有人觉得我们日子过得苦，有人觉得我们对自己太抠门了，但我觉得拥有知识就是拥有财富。我把毕生积蓄回馈给故乡，不为别的，就是希望让家乡的孩子们能获得知识的力量。”

对于被评为“感动中国”年度人物这样的荣誉，她说：“这样一件力所能及的平常事，没想到在大家眼里成了大事，还给我这么高的荣誉，我感到很惭愧。”

清清的木兰达河啊，高高的鸡冠山啊，还有五谷飘香的故乡的田野啊，多少年来，曾让老人魂牵梦萦，但是一旦重新回到她的身边，听到那熟悉的乡音，呼吸到那熟悉的气息，看着眼前这翻天覆地般的巨变……充盈在马旭老人心中的，有无法言说的激动和欢欣，更有无尽的伤感和永远无法挽回的愧痛。

2019 年 6 月，86 岁的马旭由老伴陪着，回到阔别已久的家乡木兰县。祖父、外祖父、父亲、母亲等亲人早就墓木成拱。不久，唯一的一个弟弟也先她而去了。

“我记得，小时候还和弟弟在松花江游过泳。现在，两岸全是高楼大厦，再也找不到儿时旧家的位置了。昔日的北大荒，真的变成了‘北大仓’……”站在松花江大桥上凭栏远眺，马旭不禁热泪盈眶，喃喃地对陪同在她身边的年轻人说。

“想一想，真是恍若隔世呀！曾经在伪满洲国时期，木兰百姓的日子过得有多苦啊！吃了上顿没下顿且不说，还要忍受的痛苦和屈辱。后来，共产党领导的解放军来了，有共产党给老百姓做主，穷苦的人民才挺起了腰杆。小时候我亲眼见过分田分地、给钱给物，大人小孩奔走相告、扬眉吐气的景象！老百姓吃得饱、穿得暖了，心里也一下子变得亮堂起来。就是从那时起，我就明白了一个道理：共产党是为人民大众谋福利的；共产党领导的人民军队，是为劳苦大众打天下的。所以，我也从那时候起就立下了毕生的志向：一辈子听党话、跟党走！”马旭告诉后辈们说，“正是在母亲和村里乡亲们的鼓励和支持下，我 14 岁那年就毅然离开了家乡，参加了革命……”

“马老，您是从木兰走出去的一位英雄的女儿，是我们木兰的骄傲！”有的晚辈这样表达着对马旭的崇敬。

“‘英雄’我是不敢当的，但确实也没有给咱们木兰县丢过脸哪！”马旭说，“记得在庆祝中华人民共和国成立 70 周年大会上，我和一些过去的老战友一起，有幸成为‘致敬方阵’里的一员。当时，行走在庄重的队伍里，我就想过，要是我的外祖父、母亲还活着，能看到我们今天的太平盛世；要是木兰的老乡亲，有的还能认出我的模样，那该有多欢喜啊！我还想到，这份荣耀，是党给我的，是人民给我的，我要永远做党的人，做人民的女儿，甘愿为党、为祖国、为人民，奉献出自己的全部所有！”回忆起当时的场景，马旭的脸上仍然洋溢着由衷的激动和喜悦。

进入晚年之后，部队上和地方的一些单位，特别是一些学校和青少年宫，经常邀请马旭去给年轻一代讲革命传统故事。颜学庸担心她年纪大了，体力也不够，讲不好会被人笑话。但马旭老人觉得，趁着自己还能走动，一息尚存，就应该“冲锋不止、战斗不息”，就应该为党、为社会多做点什么。不然，怎么对得起大家百般尊敬和信任的这身“迷彩服”？只要还穿着这身迷彩服，就意味着，她是一名永远“不下火线”的老战士！

所以，平时她和老伴一遍遍地学习党史、军史，学习时事政治，学习习近平总书记的重要讲话和著作。记不住的，就做成小卡片，随身带着，随时和老伴相互提问，增强记忆。

马旭的每一次讲课，因为讲的都是亲历的故事和亲身体验的感受，真实、质朴又生动，所以总是受到年轻人的欢迎。

在她获得了“感动中国 2018 年度人物”“全国道德模范”“中国好人”……这些荣誉之后,从全国各地写来的书信,真的是像雪片一般的络绎不绝。有的书信来自家乡木兰的一些中小学校。

“敬爱的马旭奶奶，在我心里，您就是一束光，给人以无穷的力量！”一名小学生这样真诚地写道。

不能不说，这个小学生的这句评语，是十分准确和形象的。

马旭的故事之所以“感动中国”,感动了全国亿万观众,除了她这一生非凡的成长经历和奋斗故事，她和颜学庸拿出 1000 万捐助家乡的慷慨和大爱之举，其实，还有这两位老战士“生命不息、追求不止”的坚强意志和奋斗精神。

我们在前面讲到，两位老人离休后都酷爱学习，与时俱进，“从不掉队”。因为喜爱阅读报刊，他们养成了分门别类做剪报的好习惯。每一份剪报上，也留下了两位老人阅读时画上的密密麻麻的、醒目的波浪线。老人的兴趣,从国外最新的空降兵方面的发展动态，到中国航天中“火星车为啥叫‘祝融号’”的报道，应有尽有。

马旭认为，“如果每天不读书看报，我早就跟不上这个快速发展的时代了”。所以，虽已是耄耋之年的老人，卧室的墙上、窗户边和床头，每天还在不停地更换着写有外语单词的卡片。

马旭 78 岁那年，在颜学庸的支持下，做出了一个出人意料的决定：报考了药学的硕士研究生。她克服重重困难，最终被华中科技大学同济医学院基础医学院破格录取，成为课程班上年龄最大的学员。

但对她来说，外语一直是个不小的挑战。所以，从来就有一股不服输劲头的马旭，决心在晚年攻下一两门外语。“我每天看看墙上贴的单词，就根据单词来开启思维，用外语跟自己对话，然后再翻书检查是否用得正确。”她对学习外语很有信心。

有好多次，她拿着准考证，要走进考场参加考试。工作人员都以为她是来送孙子或孙女参加考试的，却怎么也没有想到，真正的考生就是这位满头银丝的老奶奶。

指导马旭的一位硕士生导师，不无感慨地说：“与其说我是马老的导师，不如说，她才是我永远的人生的导师啊！”

两位老人也从未放弃科研发明的“手艺”。他们仔细考察和钻研了当下的一些健身器械，设计和定制了两台器械，分别命名为“旋梯”和“滚轮”。他们暗暗地希望能在这方面再“琢磨”出一点什么“名堂”来。

2016年，马旭和颜学庸一起，在武汉市黄陂区的一所老年大学，报班开始学习拉丁舞，成为这所大学里年龄最大、学习最刻苦、到课率最高的两名学员。一到周末，两位身着迷彩服的老人就会携着手，像一对小学生一样，乘着公交车来到老年大学，学习舞蹈、书法等课程。当初，许多学员觉得这一对老夫妇恐怕是出于一时的好奇和热情，不一定能坚持下来的，没有想到，两位老人竟连续两年被区老年大学评为优秀学员。2018年春天，85岁的马旭还登上了武汉市拉丁舞表演的舞台。

尾声
木兰达河的女儿

从不知什么时候的遥远的年代开始，清清的木兰达河，一直伴随着高高的鸡冠山绵延的峻岭和深谷，涓涓不息地流淌着……

从水文学上说，木兰达河是松花江左岸的一条一级支流，发源于松花江北部青山岭南麓的大青顶子山，由北向南，流经木兰县全境，最后在木兰县吉兴乡靠江屯附近，汇入了滚滚的松花江。

木兰达河的流域面积共有1706平方公里，整个河长有110公里。据木兰县一些上了年纪的老人讲，木兰达河从大青顶子山发源后，是聚集了上游的崇山峻岭中的72条沟水，才汇聚而成一条大河的。所以，木兰达河水源丰盈，流过之处，慢慢地冲刷出了万亩良田。许多开阔的河岸两边，还生长着密密匝匝的“护河柳”……

木兰达河不仅是木兰儿女们的母亲河，也是木兰这片历尽沧桑的黑土地上，辽阔的森林、丰美的草原、丰富的各类植物和动物的母亲河。

“一条大河波浪宽，风吹稻花香两岸……”

无论身处何地，只要一听到这首无比熟悉的《我的祖国》的旋律，马旭的眼前，立刻就会有一条再熟悉不过的大河在滔滔流淌。这条大河，就是木兰达河。熟悉的歌声，一次次地让她真切地听见了，听见了故乡的河流在大地上歌唱，那是深情的水波亲吻着泥土的声音，泥土里散发着苜蓿、羊齿植物和树木的芬芳……奋斗的年月里，常年的东飞西降、南征北战，有时会让她觉得，自己离家乡的木兰达河越来越远了，几乎快要忘记她熟悉的流水声了。但是到了晚年，木兰达河涓涓不息的流水声响，又回到了她的心头，常常在她的梦里无声地流淌，滋润着她那从未消逝过的乡思与乡愁。

在远方，美丽的木兰达河，仿佛正在召唤什么，又充满了新的渴望。马旭也多次想象过，从那遥远的山岭间的水源处飘起的云朵，伴着苍鹰，伴着鸿雁和白额雁，也伴着那些苍鹭和许多叫不出名字的水鸟，在雨后的山谷间展开了自由和骄傲的翅膀，就像她小时候跟着外祖父进山时，经常见到的景象一样……

是啊！乡梦不曾休，乡愁浓如酒。谁不爱自己故乡大地上的一草一木呢？谁不爱哺育过自己的那条清芬的河流呢？那是我们的父母之河，那也是万物的生命之河，是所有游子梦里的归宿和爱的依托。

故乡的河流在大地上不息地流淌、歌唱，一切美丽和质朴的生命，都在父母之河的两岸，生生不息，一代又一代，坚强而茁壮地成长。哪怕又一次次地离开和告别，就像一群群大雁，在秋天离开了自己的营地。但是只要春风再次吹来，大雁们又会不远万里，从遥远的地方重新返回木兰达河两岸的湿地上，这是它们的北方故乡……

马旭清晰地记得，每年四月的河岸上，到处都是绽蕾的花朵，到处是无边无际的生命的颜色。这时候，往往是她带着弟弟，和屯子里的小伙伴们跑到河岸边放风筝的日子。河滩上的沙砾里，埋着祖先们的梦；永不停息的水声，是一代代孩子们生命和希望的歌。孩子们的身上也流淌着祖先们的血液，跳动着祖先们的脉搏……

温暖的四月天里，在木兰达河畔的一些山崖上、山路边，年年都会盛开着火焰般的金达莱花。

哦，金达莱！美丽的金达莱！

金达莱花，别名尖叶杜鹃、兴安杜鹃，中国江南地区多称为“映山红”。“金达莱”是这种花的朝鲜语音译。我们从许多抗美援朝题材的电影和朝鲜、韩国的电影里，时常看到美丽的金达莱花。

在朝鲜半岛上，金达莱是在经过漫长和冷冽的冬天之后，最早盛开的山花，它不仅是“春天的使者”，向人们预告着春天的到来，也是美好、希望、坚贞、吉祥和幸福的象征。所以，金达莱也是朝鲜的“国花”，人们都喜爱金达莱。

凡是到过朝鲜，参加过抗美援朝的志愿军官兵和英雄们,没有谁不喜欢金达莱的。而且一提起“金达莱”这三个字，他们的心中一定会升起一种特别的感受和感情。

马旭和颜学庸居住的地方——高高的木兰山和它周边的山野上，一到春天，到处都会盛开着五颜六色的映山红，有火红色的，有粉红色的，有浅白色的……漫山遍野的映山红绚烂多彩、摇曳多姿，装点着祖国美丽的河山，也年年给人们送来春天的温暖和希望。

虽然在木兰山下居住了数十年了，但马旭和颜学庸仍然喜欢把映山红称作“金达莱”。当地人“纠正”他们说，这叫“映山红”或“杜鹃花”。马旭总故意跟他们“抬杠”说：“不，我们那里都叫它‘金达莱’。”

的确,在马旭的老家木兰,人们也把映山红称作金达莱。除了汉族人，朝鲜族是生活在木兰县的一个人口较多的民族。生活在这里的朝鲜族兄弟姐妹，也都很喜欢金达莱花。金达莱也是生活在我国东北地区的延边朝鲜族自治州的“州花”。每到节假日，或者是州庆的日子，延边的大街小巷到处都闪耀着金达莱花鲜艳的色彩，飘散着金达莱花芬芳的气息，给人们带来喜庆、吉祥、欢乐，还有对生活的热爱、对明天的希望与信心。马旭小时候在屯子里有几个朝鲜族的小伙伴，他们都把映山红叫作金达莱。而且，马旭从小就在家乡听说过一个金达莱的美丽传说：

说是在一个村子里，住着老两口。老两口养了一个美丽的独生女儿，名字叫达莱。达莱既善良又勤快，每天都到山里去打柴。父母对她十分疼爱。山南坡那边，住着一个年轻力壮的小伙子，名字叫金玉。金玉和达莱总是在一个山上打草拾柴，慢慢就认识了。有时背柴回来，金玉看达莱的柴担总是很重很重的，就帮她挑。跑过几十里又陡又滑的山路，给她送到家门口，撂下柴担擦擦汗，连口井水都不喝，啥也不说就走了。两个年轻人不知不觉地相亲相爱了……

但后面的故事就有点伤心了。达莱家很穷，欠了财主家很多的债。财主有个儿子，早就听说达莱长得又俊又美，还会织布绣花，生得一双巧手，心里惦记着要把她娶过家来做媳妇。

这天，财主的儿子穿上最华美的衣服，摇着扇子，上达莱家讨债，明是讨债却暗自带了不少金银，还有一个装满丝绸锦缎的包裹。他一进门就抖落开包裹说："这里有最好的衣料，留给你家达莱做衣裙吧！"

达莱人穷志不短，当然瞧不上财主家的少爷，丝毫不为钱财所动。父母都很发愁，连着几宿合不上眼睛。金玉知道了这个消息，就来找达莱。他俩在平日打柴的山路上走过来走过去。他们问天空的白鹤，白鹤告诉他们说："天外还有九重天，能没有你们去的路？"他俩问小鹿，小鹿对他们说："林子里面还有更茂密的大森林，能没有你们居住的地方？"于是，达莱和金玉订了盟约，要在财主家来强娶她的那天早晨，一起去到九重天外的大森林。

到了第三天，达莱换上一件粉红色的短褂，和从山南跑来的金玉手牵手，像一对蝴蝶似的快步奔到林子里去了。来抢婚的财主和他的家奴在后面追，可是山石把他们绊倒了，青苔把他们滑倒了，青藤和芒刺扎得一群恶家伙连声叫喊，霎时再也不见金玉和达莱的踪影了。

这时，狠心的财主想出一条毒计，放起大火烧山，以为金玉和达莱为了活命，就会跑出来。可是大火把林子烧光了，也不见金玉和达莱出山；大火把草全烧枯了，他们还是没有出来。等山火熄了以后，财主带着家奴把大山上下搜遍，哪里有半点金玉和达莱的影子？最后只好垂头丧气地走开了。

从那以后，金玉和达莱再也没回家来。贫穷的夫妇俩到山上去寻找女儿和那个勤劳的小伙子,却怎么也找不到。正赶上是春天，山路两旁都直挺挺地开满粉红色的山花。他们走到山顶石砬子上，看见有两朵脸对脸盛开的山花，老夫妇好像看见了自己心爱的女儿和女婿，轻轻地喊了声：“这就是我们的金玉和达莱啊！”

这时，那两朵粉红的花开得更鲜艳了，连整个山谷里都是扑鼻的香味。传说，每年春天第一个开花的，就是金玉和达莱。后来,人们叫来叫去,就把这两个名字并成一个,叫作“金达莱”啦!

这个传说故事，一直保存在马旭的记忆里。在朝鲜的时候，回国之后，晚年的时候，马旭多次讲给颜学庸听。

“原来,美丽的金达莱花,还有这么一个伤心的传说。”

“是呀，人们不是常说，‘艰难困苦，玉汝于成’吗？美丽的东西，也往往最容易受到伤害。”

“马旭啊，那你有没有觉得，我们俩，也像这个传说里的金玉和达莱？一旦相识，今生今世，就永不分离了！”

“你说的对呀！我们这一生，似乎也像金达莱花一样，虽然经历过漫长的风雪严寒的冬天，但是仍然痴心不改，情怀不变，仍然愿意奉献出自己的一切，给人们带去希望和温暖，向人们预告美丽的春天……”

“是呀是呀，年年岁岁，只要金达莱还在大地上盛开，春天就会如期到来，希望和温暖，就会常驻人间。”

年老的马旭，这位木兰达河的女儿，幸福地依偎在自己的老伴颜学庸身边，两位彼此相濡以沫携手迈过了漫长的奋斗岁月的最亲爱的战友和爱人，一起娓娓谈着他们共同的话题，沉浸在对往事的温馨回忆和对明天的希求与憧憬里……

对了，在马旭老人的晚年，还有一次非凡的“壮举”，也会永远地写在这位老战士的生命履历里。

2015 年 10 月，一年一度的中国传统节日重阳节期间，一场名为“2015 九九重阳·快乐老人节”的活动，在湖南衡阳举行。这一年，马旭奶奶 82 岁。人们几乎不敢相信，在衡阳这座历史古城的郊外，马旭和老伴颜学庸一起，竟然创造了中国滑翔运动的最大年龄的纪录！

当时，老人向教练员提出，想自己“单飞”一次。这个想法，着实把教练们吓了一大跳。然后，当教练们知道了，站在眼前的是一位有着 140 多次跳伞经历的老空降兵时，他们怀着肃然起敬的心情，满足了马奶奶的请求。

这一次“单飞”，20 多分钟的空中操纵，让 82 岁的老人再次体验到了在长空中御风腾云、翱翔蓝天、俯瞰大地和群山的壮美感觉。

“在飞起来的那一瞬间，我又体会到了以前在空中飞翔的感觉，太棒了！”事后，老人意犹未尽地说道。

那一刻，她也再一次想到了自己刚入伍时读到的，一个苏联少年学跳伞的故事，还有深深铭刻在她记忆里的那几句话：

天空是从哪里开始的？它也许不是从屋顶上、树梢上，或者是从云彩飘拂的蓝色气流里开始的，而是从离地面很近的地方，从一颗勇敢的、坚强的心开始的。你的天空，是伸向云层，还是抵达群星，就看这颗心，最终能把你带往哪里了。

后　记

在解放战争硝烟弥漫的战场上，他们是出生入死、勇往直前的钢铁战士；在抗美援朝、保家卫国的战场上，他们是冲锋陷阵、奋不顾身的“英雄儿女”，是全国人民心中“最可爱的人”；在新中国的建设时期与和平年代里，他们是吃苦在前、享受在后的普通劳动者，是用闪亮的初心、艰苦奋斗的本色和忘我无私的奉献“感动中国”的最美奋斗者……作为一名文学作者，我的笔，不去书写和讴歌他们的奋斗故事，不去礼赞他们忠诚的信仰和大写的人格，文学还当何为?

这是我在采访与创作马旭和她的战友、爱人颜学庸的故事过程中，一直萦绕在脑海的初衷和思绪。

近几年来，在多次尝试“主题写作”的过程中，我有一些真切的感受就是：它关乎文学和市场，更关乎情怀和立场；与其说这是一个需要谈论的文学课题、出版课题，不如说是一个心灵的课题、价值观的课题。具体说来，我有以下几点认识和感受：

首先，没有一种强烈的家国情怀，没有一种清晰、明亮和正确的价值观，没有一种对笔下的主人公、对一代代英雄儿女和奋斗者们的发自骨子里的真挚的热爱与敬仰，是写不好主题作品的。在一次次主题作品创作中，我真切地感受到了这一点。每一次主题写作，无论是杰出的功勋人物，还是平凡的奋斗者与普通劳动者，尤其是写到一些共产党先驱者和革命先烈、共和国英雄和共产党员先锋和英模人物故事时，都像是在经受一次精神濯洗。我越来越认识到，一部优秀的和有价值的主题作品，一定不仅仅在于作者的文学技巧如何，而更是有赖于作家身上的某种情怀格局和“道德完整”。

其次，主题写作，决不意味着对文学艺术标准的降低或放弃，恰恰相反，它要求作者必须把这些中国故事讲述得更加精彩动人。无论是报告文学、人物传记，还是更宽泛的非虚构文学，共同的前提都是“文学”。也就是说，仅仅有真实的报告、有严谨的纪实是不够的，还必须具有文学作品所应具有的文学品质。当然，英雄儿女和奋斗者们的故事本身，往往就足够丰富、曲折和动人，无须任何文学上的虚构。有时候，只要描述得当，文学的味道也自在其中了。但如何描述得当，就是对作者的文学功底和艺术剪裁能力的考验。

再其次，主题写作的作品，不是书斋和沉睡的史料的产物，更多的是从主人公滚烫的奋斗历程和火热的当代创业史中采撷的鲜活故事。这就要求作者必须“接地气”，必须深入生活一线，深入主人公炽热的内心世界，用同样滚烫的心，用自己的身体、脚步去行走和丈量出笔下的故事的深度与高度。主题写作是“乌兰牧骑”式的创作，是带着大地气息的“报春花”，它要求作者必须做到“春江水暖鸭先知”。

还有一点感受就是，当下的青少年阅读，相比可口的快餐和绵甜的水果，更需要某些“坚果”营养。主题写作与出版，就是在为青少年一代提供阅读中的“精神坚果”。什么是阅读中的“精神坚果”？我认为，一些真实的、非虚构的作品，比如科学家等杰出人物的传记故事，英雄儿女和英模人物、最美奋斗者的传记故事，还有一些重大科学成果、劳动成果背后的奋斗故事……就属于这类“坚果”。新时代青少年的成长与阅读，需要“水果”营养，更需要“坚果”营养。换一个说法，不就是我们一直在强调的文学作品要起到“铸根培魂”的作用吗？

真诚地感谢黑龙江省委宣传部、黑龙江出版集团、木兰县委宣传部、黑龙江教育出版社的信任和大力支持，给了我创作“感动中国”人物马旭和她的战友们的故事的机缘。感谢资深编辑刁小菊老师，以及她带领的编辑团队牛壮壮、张培培、魏哲伦等朋友们。马旭的故事不仅历史时间跨度长，涉及各个时期的史实、人物、事件、地点、甚至数据等，也十分密集。他们不避繁难，帮我查找资料、核对史实，付出了极大的耐心、细致和艰辛。所以，我曾对小菊老师说：

“如果价值观不一致，文学观、出版观也很难‘同声相应’。只因为有一种共同的情怀，我们才能一起合作，最终成全了这本书。”

是为后记。

徐　鲁

2022 年 8 月写于武昌梨园